新潮文庫

数学する人生

岡　　潔　著
森田真生　編

新潮社版

11099

序　いま、岡潔を読むということ

森田真生（編者）

岡潔（一九〇一―一九七八）は日本が生んだ偉大な数学者である。多変数解析関数論における前人未到の業績によって、その名は深く数学の歴史に刻まれている。が、彼の探究した領域は、狭義の「数学」の枠にとどまるものではない。特に晩年は数多くの随筆を著し、人間の「心」の本質に迫る独自の思想を、平易な日本語で展開した。

「私はなるべく世間から遠ざかるようにして暮らしているのだが、それでも私なりにいろいろ感じることがあり、世間の人に聞いてほしいと思うこともある」

これは、一九六二年四月に始まった毎日新聞紙上の連載『春宵十話《しゅんしょうじゅうわ》』冒頭の一節だ。この連載を皮切りに、彼は旺盛《おうせい》な執筆活動へと突入していく。「なるべく世間から遠ざかる」ように生きてきた孤高の数学者が、くるりと向きを変えるように、社会に宛《あ》てたメッセージを紡《つむ》ぎ始めたのである。

それまで、研究生活に「世間を持ち込まない」ことは岡の揺るがぬ信条だった。毀《き》誉《よ》褒《ほう》貶《へん》を気にせず、金銭に頓着《とんちゃく》しない。その姿勢は徹底していた。妻子を持ちながら四十を前に職を手放し、郷里の和歌山で、数学研究と畑仕事に明け暮れた。

粘り強く続けた研究が実るのは戦後のことだ。やがてその成果が世界に知れ渡っていくと、国内での名声も高まった。一九五四年には朝日文化賞を受け、一九六〇年には文化勲章を受章する。

こうなると「世間を持ち込まない」とばかりも言っていられない。講演や取材の依頼が続き、数学に取り組むことのできる時間は減っていく。いざ「世間」に心を開いてみると、彼には伝えるべきことが溢《あふ》れるほどあったのである。

毎日新聞の連載をベースとした最初のエッセイ集『春宵十話』が出版されたのが一九六三年、これはたちまちベストセラーとなった。生前発表された最後の著書『神々の花園』が一九六九年に刊行されるまで、その後も旺盛な執筆活動が続く。いま書店に並ぶ岡の著書も、大部分はこの六年の間に書かれた随筆を中心に編まれたものである。

だが、岡の思想の深化はここで終わるものではない。一九六九年に京都産業大学理学部教授に就任すると、「新しい宇宙像と人間像の建設」という壮大なヴィジョンのもと、情熱の籠《こも》った迫真の講義を学生たちに向けて繰り広げていくことになる。

私がこの講義を初めて「受講」したのは、二〇一四年の春である。無論、直接授業に出席したのではない。岡は自分の講義を書生に録音させていたのだ。その音源を保存していた岡潔の次女・松原さおりさんのご厚意で、私は自分が生まれる前に行われたこの講義を「体験」する機会に恵まれた。

肉声を通して聴いてみると、それまで文字を介してのみ触れていた岡の思考世界が、にわかに生き生きと目の前に立ち上がってくるような感動を覚えた。話し方のリズム、間合い、抑揚……。身体から生まれるそうした仔細《ディテール》の一々が、聴いているこちら側に乗り移ってきて、私は初めて全身で岡の思想を浴びたような気持ちになった。

晩年になっても、岡には様々な感情が渦巻いている。特に、自我意識の肥大化と物質的欲望に溺《おぼ》れていく時代に対する怒り、嘆き、悲しみは、年を経るごとに募る一方である。自他を超えて「通い合う心」の中にこそ生きる喜びがあると確信していた彼にとって、自我を前面に押し出していく社会の傾向は、何としても修正されなければならない時代の誤《あやま》ちであった。

人は本来、ただそこにいるだけで懐《なつ》かしいのだと岡は言う。「懐かしい」というのは、必ずしも過去や記憶のことではない。周囲と心を通わせ合って、自分が確かに世界に属していると実感するとき、人は「懐かしい」と感じるのである。だから、自他が分離する前の赤ん坊にとっては、外界のすべてが懐かしい。その懐かしいということが嬉《うれ》しい。

生きているという経験の通奏低音は「懐かしさと喜び」なのだ。これが、岡の根本的な信念である。

第一章はそんな岡の「最終講義」の一場面だ。九年に及んだ講義のうち、音声が記録されている最初の一年の内容を、私が一受講生の立場でまとめたものだ。今や本人に原稿を見てもらい、理解の不足を直接指摘してもらうことはできないが、生前の岡を最もよく知るご家族に原稿をお読みいただき、収録に先立って貴重なご意見を伺うことができた。

岡の生きた言葉に手を加え、一年間の長大な講義を僅《わず》かな字数に圧縮する仕事は、大変な重責であった。岡の思想を次の時代へ継承していくためという一心で困難な作業に挑んだが、未熟な点はお許しいただきたい。

生きることが喜びである。そう素直に感じられる世界の建設を願って止《や》まなかった岡の思いが、一人でも多くの人に伝われば編者として嬉しい。

先行きの見えない現代にあって、力強く生を肯定する彼の思想に励まされるのは私だけではないはずだ。

岡潔の思想の輪郭は、彼の生涯全体を視野に入れたとき初めて浮かび上がってくるものである。もちろん、岡の数学者としての来歴を知らずとも、その言葉からヒントを汲《く》みとることはできるだろうが、岡の思想の揺るぎなさは、それを裏付ける数学研究の経験に由来するのだ。数学者・岡潔と人間研究者・岡潔とを総合的に受け止めてこそ、彼の思想の真価も見えて来るはずだと思うのである。

数学者・岡潔は、いかにして人間研究者・岡潔へと変容していったのか。その過程については結びの章でも触れるが、岡自身の文章を読み進めていく前に、一言二言だけここに添えておきたい。

岡の生涯に何よりも決定的な影響を与えたのは、フランス留学の経験だったと私は考えている。二十九歳のときから足掛け四年に及んだこの留学の間、とりわけ彼に大きな影響を及ぼしたのが中谷治宇二郎《なかやじうじろう》という若き考古学者との出会いだ。二人はパリで出会い、意気投合し、互いに学問の理想を語り合った。治宇二郎は、日本人は日本人なりの方法で学問に向き合うべきだという信念を持つ人であった。岡もそんな彼に強く感化されたのである。

道元、芭蕉、漱石らを貫く系譜の上で数学することを志した岡の原点は、フランス留学時代にある。そう考えて、第二章には、留学時代と治宇二郎との友情を振り返る三編のエッセイを収めることにした。

数学を研究するにあたり岡が関心を持ち続けたのは、数学的発見に至る「心」の変容過程である。そこにはフランスの数学者アンリ・ポアンカレ（一八五四―一九一二）の影響も少なからずあった。

十九世紀と二十世紀を跨《また》いで生きたポアンカレは「最後の万能数学者」とも呼ばれ、その業績は数論、代数、幾何、解析という純粋数学の主だった領域をほぼすべてカバーしている。のみならず、天文学や数理物理学においても重要な仕事を成し遂げているのだ。

岡はそんなポアンカレの書いたエッセイに三高時代から触れている。数学的思索の過程を研究することにより、「吾々《われわれ》は人間精神に於《お》けるもっとも本質的なものに到達することを望み得る」と説くポアンカレからすれば、数学は人間の心理過程の不思議に迫るための手段でもあった。岡はそんなポアンカレの歩んだ道を継承し、数学を通して心の世界の探究に向かったのである。

やがて岡の中に育《はぐく》まれていくのは、心は肉体よりもはるかに広いという実感だ。当初は「自然界の中に心がある」と信じていたが、大きな数学の発見をいくつも経験するうちに、「心の中に自然がある」としか思えなくなったというのである。

数学的発見、あるいは創造の背景で働く曰《いわ》く言いがたい認知過程の妙は「肉体の中に閉じ込められた心」という描像では上手《うま》く説明できそうにない。そこで彼は、数学的発見を支える心の世界の広がりを捉《とら》えるために、さしあたり「情緒」という言葉を中心に据えて、独自の数学論を展開していくことになる。

毎日新聞の連載をまとめた最初の著書『春宵十話』のはしがきは「人の中心は情緒である」という宣言に始まる。ところが、肝心の「情緒」が何かというと、いまひとつはっきりとしない。岡はこの言葉を繰り返し用いながらも、それを明瞭《めいりょう》に「定義」することを避けるのだ。

そもそも、岡の思想は閉じた体系をつくることを目指していない。たとえ未定義のままでも、実感に裏打ちされた言葉を繰り返し用いていく。そうしながら、その実感の内容を確かめていくようにして彼の思考は進む。だから読者は、試行錯誤する岡といいともに考えることを要求される。そこに岡のテキストの醍醐味《だいごみ》がある。

特に「情緒」を正面から主題として扱う彼のエッセイの一群は、第三章に集めた。日常の種々の事例を持ち出し、ときには道元や芭蕉の言葉を引きながら、何とか「情緒」という言葉に内容を与えていこうとする岡の挑戦を、ぜひ目《ま》の当たりにしてみてほしい。

「情緒」を言葉で「理解」しようとする試みはしかし、容易には成功しない。なぜなら、情緒は概念ではなく実感であり、理解されるべきものである以上に、「体得」されなければならないものだからである。対象化された概念を「理性で解《わか》る」だけがすべてではない。むしろ「わかる」という経験の深層は、わかりたい対象に「なりきる」という、自他未分離の境地において初めて開けるものなのである。

自他を分離し、心を肉体の中に押し込もうとする現代の人間像に対する岡の不信は膨らんでいく。そして一九六九年に始まる京都産業大学での講義では、そうした人間像、宇宙像の「常識」のすべてを、一から再検討していく根本的《ラディカル》な立場が表明されるに至るのだ。

第四章には、岡の人柄が伝わる雑誌記事をいくつか収録した。ここは肩肘《かたひじ》張らずに、岡の生きた時代にタイムトリップしたような気持ちで、ぜひ楽しんでみてほしい。

結びの章では、本書に収めたテキストの解説を試みている。特に、「自分とは何か」という大きな問いをめぐる岡の思索を追いながら、そこから彼の情緒の思想が形成されていく様子に迫ろうとした。

「世界の常識は間違っている」と言い放つ彼の晩年の思想は言葉だけ見ればかなり過激だ。だが、そうした思考が形をとるプロセスを知れば、過激な言葉の一つ一つに、それを支える理路があることに気づくだろう。

岡の言葉は美しい。そのため彼はしばしば「数学の詩人」とも呼ばれる。だが本書を編んだ私は岡を詩人としてより、時代の先を見つめ続けた思想の人として捉えている。困難に満ちた新たな時代を切り拓《ひら》く指針が、この本の中にもちりばめられているはずである。

生き生きとした岡潔の言葉の世界を、全身で思う存分味わってみてほしい。

写真について

3頁　奈良市の自宅での執筆風景。岡65歳の頃。
4頁（右上）　中学1年生の頃。中央奥が岡。
4頁（左上）　28歳の頃。
4頁（右下）　結婚式の記念写真。岡と妻ミチ。
4頁（左下）　岡と中谷治宇二郎（右）。ピクニックの様子。
5頁（上）　フランスでの岡夫妻と中谷治宇二郎（右）。
5頁（下）　渡仏の際に立ち寄った旅先のエジプトにて（最後列右から4番目）。
6頁　奈良の自宅の前で思索にふける。65歳の頃。
24頁　奈良公園にて、何かに関心を寄せている。67歳の頃。
62頁　三高時代の岡（中央）。同級生と。
130頁　絵画に見入る。富岡鉄斎展にて。
228頁　孫たちと家族団欒。昭和41年頃。撮影：朝日新聞大阪本社
260頁　岡とミチ夫人。甲府に中学の恩師を訪ねる。
306頁　自宅近くの田舎道。よくここを歩いたという。

（注記のあるもの以外はすべて長男の岡熙哉氏提供）

数学する人生　目次

四　数学と人生　227

数学する人生

一　最終講義

本稿は、京都産業大学の教養科目として一九七一年度に開講された岡潔による講義「日本民族」をもとに、編者がまとめたものである。一年分の講義をまとめる過程で、話題の取捨選択や順序の入れ替え、言葉の補足や表現の変更等を編者の判断と責任のもとに行ったことをあらかじめお断りしておく(成立の経緯については結の章をご覧いただきたい)。

懐かしさと喜びの自然学

人は一日一日をどう暮らせばよいか。

こんなことは普通、放っておいても自《おの》ずからよろしきにかなうことで、問うまでもないのですが、いまは普通の時代ではありません。

実際、この講義の最後に毎年、作文を書いてもらうのですが、それを読んでいますと、みなさん口々に「来る日も来る日も生き甲斐《がい》が感じられない」と嘆いているように聞こえます。みなさんにとって、一日一日をどう過ごせばよいかが、深刻な問題になってきている。

それで私は、近ごろ絶えずこの問題について考えているのですが、どう答えたらよいか、非常に難しい。ただ、時々ちぎれ雲が飛ぶように断片的に、少しだけわかることがあるのです。それを、なるべく忘れないうちにお話ししようと思っています。

唯物主義と個人主義

人は本来、物質的自然の中に住んでいるのではなくて、魚が水の中に住んでいるように、心の中に住んでいます。ところが、日本は終戦後アメリカから大量に「唯物《ゆいぶつ》主義」と「個人主義」を取り入れたため、澄んでいたはずの心の世界が、次第に濁りはじめてきています。

物質には心がない、と思うのが唯物主義で、この肉体の中だけが自分だ、と思うのが個人主義ですが、唯物主義も、そこから出てくる個人主義も、人には非常に有害なのです。まるで濁った水の中の魚のように、生きていくことが苦しいという訴えが、いたるところから出てきているように思います。

それに対してどういうアドバイスがあるかといえば、まず「人は本当は何もわかっていない」ということを自覚するところからはじめなければなりません。私たちはたしかに、いろいろなことを知っていますが、根底まで尋ねて行くと、みな途中でわからなくなって、はっきりしているものなど一つもないのです。そうであるのに、わかっているのです。特に「自分とは何か」、それから「自然とは何か」をわかっていると思い込んでいる。

本当はわかっていない「自分」や「自然」について、勝手に「こうだ」と決めて、わかっていると思い込む中から個人主義や唯物主義も出てきました。それが、生きていることに対する不平不満をずいぶん生んでいるようなのです。そういう誤った思い込みを消してしまったら、よほどよくなるのではないか。私はそう思っているのです。

時間と空間

人はいろいろなことを知っていると思っていますが、付け焼刃を落としてみると、さっぱり何も残りません。

たとえば西洋の学問、思想は、たいてい自然科学の上に成り立っています。その自然科学は、はじめに「時間」と「空間」があると考えている。

ところが、「時間」や「空間」というのは、はなはだわからないものです。そもそも、存在するのかどうかもはっきりしない。存在することを数学的に証明できるとよいのだけれど、そういうことができると思っている数学者は、いま一人もいないでしょう。

証明はできないけれど、時間というものがあるように思う。あるように思うから、それを空間に置き換えて表そうとする。その空間はといえば、見えるからあると思っている。つまり、時間も空間も、結局は、視覚に支えられてあるのですね。

では、その視覚とはどういうものかというと、さっぱりわからない。見えるとはどういうことかというと、実にわかりません。人類共通の癖とでもいうほかないでしょう。その視覚を基に、人類の思想等がつくられているのです。

西洋人は時間や空間があるということについては何も疑わなかったらしい。たとえばカントは「時間、空間は先験観念である。自分はこれなしに考えられない」といっています。

では、時間、空間というものが本当にあるのか？　その本体は何か？　そんなことは、決して考えようとしないのです。その代わり、時間と空間という枠の中で、視覚、聴覚、嗅覚《きゅうかく》、味覚、触覚という五つの感覚が働いていると考えた。この五感でわかるものだけがあり、わからないものはないのだと、こう決めたのです。

ずいぶん乱暴な話です。勇敢というよりは浅薄です。そう決めようと覚悟してするなら勇敢ですが、そうではない。そうだとしか思えないから、疑いもしなかった。

かようにして時間、空間という箱の中に、五感でわかるものの世界ができました。これを「物質の世界」というのですね。

西洋人は、物質の世界はそれだけで切り離して考えられると思った。本当にあるのは物質だけだと思ったのだから、当然です。その上で、いろいろ調べて行きました。そうすると「素粒子」というものが見つかった。しかもその中には「不安定な素粒子」というものがある。不安定な素粒子は、生まれて来てまたすぐ消えてしまうから、生まれる前の状態、および、消えて行ってしまった後の状態は、五感ではわからないということになります。不安定な素粒子は、五感でわからない世界から生まれて来て、再び五感でわからない世界へ帰っていく。だとすれば、五感でわからないものはないという暗々裏に置いた仮定は、完全に間違っていたということです。ならば、はじめからまた「自然とは何だろう」と調べ直すほかない。もはや物質の世界というものだけが他から独立して存在するとはいえないでしょう。

人は自然というものが確固不動に絶えず存在すると思っていました。確かな拠《よ》り所として、自然というものがあると思っていた。ところがそうではなくて、人が勝手にそう思うだけらしいのです。五感によれば、自然という確固不動なものがある、大地というものがあるように思われる。ところが、科学的に調べてみると、不安定な素粒子というものが出てきてしまった。

こうして、物質の世界が独立して存在するはずだという大前提が覆《くつがえ》されてしまったのですから、自然科学は救いようがない破局に当面している。

これまで調べたことが全部無駄だとはいいませんが、少なくともこのままでは、自然科学は（「自然とは何か」を根本から究明するような）総合的な学問ではありえない。これが現状なのです。

物質の知力

西洋の学問はすべて、時間と空間の枠の中にはまっていて、五感でわからないものは取り扱いません。時間と空間の枠の中にあって、五感でわかるものが「物質」ですが、西洋の学問は、物質的自然の中しか調べないのです。カントは、自分は時間と空間というものがなかったら何も考えられないといったけれど、そのことを自覚しただけまだよい方です。

物質的自然の最大の不思議は、物質が法則に従うということです。単に法則があるだけではなく、物質はいかなる場合にも、決してその法則に違背しない。

たとえば、小川のせせらぎを思い浮かべてみてください。小川は実にきれいにせせらぎますね。あれは重力その他二、三の法則によってそうなるのだけど、法則からせせらぎが出てくるためには、各瞬間、各水滴が、それぞれの情勢に応じてどちらの方向へどれくらいの速さで流れたらよいかをすぐに判断し、その通りに行動する必要があります。

そうすると物質には、非常に難しい数学上の計算をただちにしてしまうような知力があると思うほかない。でなければ、物質の法則が、せせらぎになったりはしない。ラプラスの方程式なんかよりもっと難しいのを、瞬間に解いているということでしょう。だとすれば、物質には超自然的な知力があると思うほかない。

これは、人間をはるかに超えた知力です。いっとき、これを西洋人は「ラプラスの魔」といいましてね、魔物がいて、微分方程式を瞬間に解く知力を持っているとすれば、自然はこれでみな説明がつくのではないかと考えました。

超人的な知力や意志力。こういうものを認めなければ、自然界は説明できるものではないと彼らも気づいたのです。ところが、説明できそうもないとなると、すぐにその方面への関心は薄れ、忘れられてしまうのです。

自然科学の大きな発見

自然科学は非常に価値のある、重要な二つの結果を得ています。まず第一に、不安定な素粒子の発見によって、五感でわからないものがあるということを示しました。しかもそれを、理性でわかるような形で述べました。東洋の大先達もまた、五感でわからないものがあるとみないっているには違いないのですが、そういうものを知るためには、凡人に働かない知力が必要です。ところが、理性というのは凡人に働く知力です。だから、理性の働く範囲内において、五感でわからないものがあることを指摘したのは、非常に大きな発見で、人類にとってまことに有意義なことです。

第二に彼らは、五感でわかるものだけをいくら丁寧に調べても、いつまで経《た》っても生命現象は一つもわかってこないということを、実際にやってみせることによって実証しました。

あんなに丁寧に自然を科学したのに、なぜ見えるのか、なぜ立とうと思えば立てるのかといった人の知覚、運動という生命現象のイロハに、全然説明がつかないのです。だから、五感でわかるものだけをいくら丁寧に、どれだけ時間をかけて調べても、生命現象については一つもわかってこないということです。これは、やってみせる以外に証明のしようがなかったでしょう。それを彼らは完全に実証してみせました。

この二つは、非常に大きな成果です。まったく生き方を変えなければならないくらい大きな結果ですが、そのことに西洋人は気づいていない。自然科学をやった当人たちが、自分たちの成し遂げたことに気がついていない。この調べ方でいくら調べても生命現象はわかってこないということに気づかないのです。

「人は一日一日をどう暮らせばよいか」というのも、生命現象の問題です。だから、五感でわかるものだけを調べても、わかるはずがない。生命現象は五感でわかる範囲内にはないのですから、五感でわからないものを調べなければならない。ですが、五感でわからないものを充分に調べようと思うと、たとえば仏教の高僧に働いたような大智力《だいちりょく》がいる。ところが凡夫にはそれがありません。私にもそういうものはない。

それではどうすればよいのかということですが、仏教のいう基本的なことは取り入れる。その上で、あとは自分の目で見、自分の頭で考えていくより仕方ありません。

自然は生きている

西洋人の見ている自然は死んだ自然で、全然生きていないのです。五感でわかるものしか扱いませんから、そうすると、生命現象というものはわかりません。

東洋人の見ている自然は、生きた自然です。ただし、インドと中国と日本では、それぞれ見方が違います。自然が生きているという点では変わりないのですが、同じようには見ていない。

たとえば中国ではどう見ているか。老子は、こんなことをいっています。

自然のはじめに「無」がある。「無」とは、五感でわからないもののことです。その「無」に「息」が現れる。息というのは、振動のようなものです。無に息が現れると自然が生まれる。

その順序には三つの段階があって、最初にまず「生」が生まれ、その上に「命」が生まれ、さらにその上に「悟」が生まれるという順番です。

「無」から五感でわかる「有」の世界が生まれ出たとき、その始めが「生」だというのですから、自然は最初から生きているということです。その生きた自然の上に「命」が生まれる。

「命」というのは、個体の自由のことです。動物なら自由に運動できるし、植物でも自由に花咲き実ることができる。西洋人がやかましく「自由」というとき、彼らはこの「命」のこと、すなわち個体の自由のことばかり考えるのです。そもそも「命」が「命」であり得るのは、その前に「生」であるから、ということを知らないのですね。

老子は、「生」があるから「命」があり得ると見ました。「悟」というのは、その「生」の自覚です。「生」を自覚すると、他《ひと》の心がわかるようになる。そういうことができるのが「聖人」です。

生きた自然の上に、動物や植物の個体の自由が生まれ、その上に聖人が生まれる。自然はこういう階梯《かいてい》をのぼっていく。こういうわけです。

孔子の儒教は少し窮屈に説き過ぎますが、「生」を説いたことにはかわりない。「命」を説いたのではないのです。孔子はどこかで「四時行われ百物生ず」といっていますが、天地は「生」であるというのが道徳の根本です。

自然科学は「生きている」といえば「命」のことだと思い、物質の法則ばかり調べますが、これは大変な間違いです。

「命」ばかり調べ、法則で説明できる方だけを調べて、物質がその法則を絶えず満たしているという不思議、水滴がただちにどう流れればよいか自ら判断できるという不思議を少しも知らないのです。それを調べると「生」になるのだけど、「生」の中から、「生」でない部分だけを調べた。「生」というものが全然わかっていないのです。

肉体を主宰するもの

からだは家とは違います。家は一度建てたら同じ物質をそのまま使いますが、からだは絶えず変わっている。食べ物を摂取し、それを排泄《はいせつ》して、そのたびに内容を変えている。

全身の夥《おびただ》しい細胞が、絶えず変わりつつ、ひとつの肉体を形作って維持している。そこには「主宰性」が働いているはずですね。主宰するものがなく、めいめいの細胞がバラバラに活動したのでは、一個のまとまった肉体を維持し続けることはとうていできないでしょう。だから、肉体があるということは、主宰性が働いているということです。

その主宰する知力が、個の心、すなわち心理学がいうような心にないことは明らかです。この心がやろうと思う通りにやれるのは、食べ物を入れるところまでと、排泄する寸前の両端だけです。この両端はわかるし、思う通りになりますが、あとは何がどうなっているのかわかりません。だから、心理学的な心の知力が肉体全体を主宰しているのではない。もっと深いところで、からだの細胞を主宰している力が別に働いているから、一個のからだとして生き続けているのでしょう。

そうすると、人の肉体を主宰しているものは何でしょうか。肉体を主宰するというのは、非常に複雑な働きです。どんな精密機械を動かすよりも精密な知的操作です。しかも、主宰性は自分の肉体にだけでなく、他の肉体にも働いています。では、自分の肉体に働いている主宰性と、他の肉体に働いている主宰性と、その間の関係はどうなっているのか。

自分の肉体も他の肉体も、よく似ていますね。だから、主宰性も似たり寄ったりのはずです。もし宇宙の主宰性がバラバラならば、我々が見るような、こんな調和のとれた自然などというものはありえないでしょう。一個の花を主宰するにしても、その操作は非常に複雑です。とても話し合いで調和をとるなどという、そういう種類の方法は成り立たないに決まっています。すると、宇宙の主宰性は唯《ただ》一つでなければならないということになります。

そういう主宰性が、人には働いています。人だけではありません。すべての動物に働いています。動物だけでなく、植物にも働いている。

自分とは何か

「自分」とは何でしょうか。

西洋人は「自分とはこのからだである」といっているのですが、それは「自我」が自分であるといっているのと同じことです。

ところが、自我に肉体を主宰する力などないことは、少し振り返ってみれば明らかでしょう。自我は思うままに食べ物を取り入れるし、排泄したくなれば、それを排泄する。ところが、何度もいいますが、自我にできるのはその両端だけで、その途中は少しもわかりません。

このからだ、この心が自分だと思うのは間違いで、そんな考えは打ち消さないといけないということです。しかし、それを打ち消したところで、このからだ、この心と、「自分」というまったくわからないものとの間には、かなり関係があることも確かです。

いったいどういうことか。ここに、一本の木があるとします。この木に一枚の葉があるとする。このとき、葉が生きているのは、木が生きているからですね。葉からすれば、本当は自分は木だ、ともいえます。しかし葉は、あくまで一枚の葉としての役割しか行っていない。だから、木全体が自分だというのはいい過ぎです。人というのは、大宇宙という一本の木の、一枚の葉のようなものです。だいたいそう見当をつければよいでしょう。逆に、宇宙という一本の木の一枚の葉であるということをやめたなら、ただちに葉は枯れてしまいます。

人は肉体を持っている。その肉体は、大宇宙の主宰性あるがゆえに存在する。そういう本当の自分を仏教では「真我」あるいは「大我」といっていますが、真我、あるいは大我は死にません。その「死なない」ということを仏教では「不生不滅《ふしょうふめつ》」という。不生とは、ある時点で生まれたものではなく、一番はじめからあるということ。どれだけ昔まで遡《さかのぼ》ってもあるということです。生まれたものではないとしたら、滅することもないに違いない。それで、不生不滅といっているのです。

木の葉自体は秋が来れば落ちますが、冬になっても木はあります。その木から、また芽が出て、葉が出てくる。真の自分は木だから、不死です。不生不滅です。ところが、葉としての小さな自分――これを仏教では「小我」といいますが――これは死ぬのです。

ともかく、木から生命が来て、葉に伝わるから葉は生きている。これを断ち切ったら、生命の来るところがありませんから、ただちに死んでしまいます。

個人主義という間違い

あなた方は、大宇宙を個人主義という目で見ている。つまり、葉が自分だと思っているのですね。葉とは何を指すかといえば、この心、心理学的な心です。それが自分だと思っている。それは間違いです。やめないといけない。

ただ、葉としては、葉の営みがある。だから、本当の自分はこの木だ、大宇宙全体だ、というふうにいうと、少し観察が粗すぎます。自分とは木であると知るとともに、自分の肉体は葉であることにも着目する必要がある。葉に近いところは縁が近いし、遠いところは縁が遠い。その肉体との遠近によって、いろいろな様子を知らなければ、葉としていかに生きていくべきかはわかってきません。だから、自分が木だとわかっただけでは困る。葉、すなわち肉体との関係も知らないといけません。生きていくうえで、肉体は非常に使いますから。

自分という葉は、大宇宙という一本の幹の、人類という一つの大きな枝の、日本人という小枝の先に芽生えた葉です。これは本来、常識です。この常識を「身心脱落《しんじんだつらく》」ともいいます。身心脱落というのは道元禅師の言葉ですが、何も悟りというほど大袈《おおげ》裟《さ》なものではないのです。

幸福とか生き甲斐とかいうものは、生きている木から枝を伝わって葉に来る樹液のうちに含まれている。その木から来るものを断ち切って、葉だけで個人主義的にいろいろやっていこうとしても、できやしないのです。自我を主人公として生きていると、生命の根源から命の水が湧《わ》き出ることがなくなってしまう。

命の真清水が自我から湧き出ると思えますか。そんなはずないでしょう。生命の水は、「個」ではなく「全」から出るのです。たとえば弱いものがいじめられていて見過ごしにできない、そういう場合には大いに自我を押し通しなさい。だけど、自我だけでは生物にはなれないのです。

不一不二

人と主宰者の関係は、不一不二です。主宰者が自分というのはいい過ぎだが、主宰者が自分でないというのも間違いである。

あなた方とわたしとがいて、わたしが話して、あなた方が聞いている。その間にも時は流れていく。共通の時が流れている。ところが、仔細《しさい》にみれば、一人一人みな違う時というのも流れるでしょう。その一人一人の時と共通の時との関係、これも不一不二です。同じだというといい過ぎだが、違っているといえば間違いになる。共通の時の上に、一人一人の時が流れている。こういう意味です。大宇宙の主宰性という共通の中心の上に、一人一人みな違う中心がある。それが個人です。

うまくいえませんが、ともかく、大宇宙という全体の上の個体が人というものですね。全の上の個でなかったら、個というものはあり得ません。

懐かしさと喜び

人の心というのは、簡単にいえば、二つの要素からなっています。一つは懐《なつ》かしさ。もう一つは喜び。この二つを同時に感じるのです。

健康の状態がいいときは、朝、目を覚ますと何となく愉快でしょう。自分の意志で愉快というより、ただ何となく愉快ですね。あるいは赤ん坊を見ていると、たいていのときは非常に嬉《うれ》しそうにしています。幼児は自分で幸福を意識しているわけではなくて、喜びとは何かを知的にわかっているわけでもない。ただ何となく幸福なのです。余計なことをいわなくても、赤ん坊は情で「生きることの喜び」をわかっているのです。幸福とはこういうものです。

また、禅では「尽十方界是全身《じんじっぽうかいこれぜんしん》」といっていますが、これは何を見ても、何を聞いても懐かしいということです。この懐かしさの心が健全に発露していると、生き甲斐とか幸福とかいうものを感じるのです。

外界はすべて懐かしく、そうであるということが嬉しいという、これが大宇宙の心です。ところが、小我だけを自分だと思って、小我中心に考え、感じ、行為していると、その心の働きが止まってしまうのです。

大宇宙は一つの心なのです。情だといってもよろしい。その情の二つの元素は、懐かしさと喜びです。春の野を見てご覧なさい。花が咲いて、蝶《ちょう》が舞っているでしょう。どうして蝶が花のあることがわかって、そこへ来て舞うのでしょうか。

花が咲くということは、花が咲くという心、つまり情緒が形となって現れるということです。その花の情緒に蝶が舞い、蝶の心に花が笑む。情には情がわかるのです。情の世界に大小遠近彼此《ひし》の別はないから、どんなに離れていてもわかり合うのです。

情と情緒

たとえばあなた方、松のことなら松といえばわかりますね。これは松だというふうに言葉を習ったのでしょうが、ともかく松といわれればわかるでしょう。松というものがわかるということは、松に親近感ができることだといい直してもいい。

ひとたび松というものがわかったら、松の絵を見て、これは実によく描けているとか、これは下手だとか、そんなことをいう。それから、いろいろ喩《たと》えに松を使う。松というものの内容が、よくわかっている証拠です。こういうとき、松の「心」がわかるというのです。それは「こんなものだ」と教えてもらったのではないでしょう。だいたいこういうものを松というのだというところまでは習ったでしょうが、松というものの内容は、教えられてわかったのではないですね。はじめから教えられなくても、心には心がわかるのです。

ところで、「心には心がわかる」といいましたが、全体としての心も、個々の心も「心」といったのでは不便です。はじめの心は全体的な心で、あとの心は個々の心。全体としての情と、その中の森羅万象の一つ一つとしての情と、いい分けないと不便です。ですから、松なら松、竹なら竹という、個々の情を私は情緒といっている。

いつのほどにか、「情」と「情緒」を、こんなふうに使い分けているのです。

人らしい情

人は何も知らないということをさっきから見てきました。何も知らないのによく生きていけるものだ、一日一日を暮らせるものだと思いますが、よく調べてみますと、人は情の中で生きている。何も知らなくても、嬉しいときは嬉しいし、悲しいときは悲しい。情さえ健全なら、こんなに無知であっても、人生を送るに差し支えがないのです。

人らしい情というものをよく観察しようというのなら、赤ん坊を見るに限ります。たとえばわたしの四番目の孫は、生まれて四十二日目に目が見えた。このとき、祖母に抱かれて、孫は祖母の顔をじいっと見ていた。そうすると見えたらしい。それで、懐かしそうににっと笑った。これが人らしい情ですね。

だいたい、こどもから大人になるとき、つまらないものの上に段々大事なものが積まれていって大人になるといいます。教育もそのつもりでやっている。ところが、本当はそんなものではありません。本質からいえば、赤ん坊のときは、人らしい情がそのまま出ます。大人になるとそうはいかなくなる。その主な理由は、自己中心の濁りですね。

知、情、意

知、情、意というものについて一度考えてみましょう。

まず「知」ですが、知は常に心にあるかといったら、そうではなくて、あったりなかったりします。意志はもっと、働いたり働かなかったりします。しかし、情は常にあります。心がまるっきり空っぽというときはありませんね。

情は常に働いていて、知とか意とかはときに現れる現象だから、情あっての知や意です。「わかる」というのも、普通は「知的にわかる」という意味ですが、その基礎には、「情的にわかる」ということがあるのです。

わたしは数学の研究を長くやっていました。研究中は、あるわからない「x」というものを、どこかにないかと捜し求めます。捜し求めるというより、そこにひたすら関心を集め続ける。そうすると、xの内容がだんだん明らかになってくる。ある研究の場合は、これに七年くらいかかりました。

xがどういうものかわかってやるのではありません。わかっていたらなにも捜し求めることはない。わからないから捜し求める。関心を集め続けるのです。わからないものに関心を集めているときには既に、情的にはわかっているのです。発見というのは、その情的にわかっているものが知的にわかるということです。

人と人が言葉を交わすと、話が通じる。なぜそんなことができるかというと、はじめから情が通じ合っているからでしょう。情が通じ合っているのでなければ、とても言葉を操って心の一端をわかり合うなどということはできないはずです。言葉はごく粗いけれど、心というのは非常にきめ細かなものですから。

心がわかり合うというときの「わかる」は、口ではいえないような、意識を通して見ることのできないような「わかる」です。知的な「わかる」ではなくて、情的な「わかる」です。

創造のはじめに働くのも情です。情というのは不思議なもので、わからないながらわかるという働きを持っている。そうして人は、情的にわかっていることを知的にわかるように表現していくのです。

数学に限らず、情的にわかっているものを、知的にいい表そうとすることで、文化はできていく。

芸術も、やはり情的にわかっているものの表現です。芸術の場合、知的に表すだけではありませんが、やはり創造のはじめには、情的にわかっているものがある。情の働きがなければ、知的にわかるということはあり得ません。知や意は、情という水に立ついわば波のようなもの。現象なのです。

人生は現象界にあるのですが、現象界があるためには、非現象界がある。情の世界という非現象界の基礎があるからこそ、自然界、現象界というものが成り立つのです。

無明

一口に自分の心といっても、外界も自分の心の一部、肉体も自分の心の一部です。この二つを比較してどう違うか、自分の目で見て、自分の頭で考えてください。先入観を捨てて。

すると、外界という自分の部分はよくわかる。しかし、肉体という自分の部分はさっぱりわからない。外界とは、よくわかる自分の部分であり、肉体とは、さっぱりわからない自分の部分。自分にこの二つの部分があることに気づくでしょう。

肉体のところがさっぱりわからないのは、心の働きを隠蔽《いんぺい》しているものが肉体にあるから、それでわからない。ちょうど月に雲がかかったら光が届かないように、そんなふうにわからない。この事実を見極めて、肉体をつくっている元素のことを仏教は「無明《むみょう》」といいます。無明とは、光を隠蔽するものという意味です。

肉体は無明によってつくられていると、仏教は見る。だから、肉体というものが働かないようにすれば見える。ところが、目を塞《ふさ》げば、見えないでしょう。無明が、「見える」という心の働きを隠蔽しているからです。

無明があるということは、避けられないことです。無明が働いて初めて、宇宙の中心、つまり宇宙の主宰者だけという状態から、生物の中核、個というものができるのです。

主宰者は宇宙を直接主宰しているのではなく、生物にいちいち自治の自由を与えて、自らを治めさせることで、結局全体を主宰している。

こんなふうなやり方で宇宙が主宰されているから、春の野にはすみれもあれば、たんぽぽもあれば、れんげもある。直接主宰者が主宰したらそうはならない。このような豊かな自然が出てくるためには、自治を与えて主宰するというやり方しかない。このやり方をしようと思えば、主宰者一人だけの状態から、生物ごとにその中核の個があるという状態をつくり出さなければならない。このとき、無明というものを入れざるを得ない。これなしには、自治的な豊かな自然というものはあり得ないのだから仕方ないのです。

自分の位置

あなた方、小説を読むでしょう。小説にはいろいろな人が出てくるから、そのいろいろな人が自分だと思って読むでしょう。なにも主人公だけを自分だと思うわけではない。副主人公なんかも自分だと思って読んでいる。このとき、自分は固定されていないでしょう。ある時はある人が自分であり、他の瞬間は他の人が自分である。そんな風に読むから小説は面白いのです。読み耽《ふけ》ったら自《おの》ずからそうなっていく。

もう一つ、夢というものがあるでしょう。多くの場合、夢に自分は出てこない。夢の主人公というようなものがあって、それもやはり固定されていない。

あるいは、幼児の遊び方を見ていても、自分というものを様々な位置に移して、その瞬間、瞬間に浸りきっています。

人はこうして、心の様々な位置に身を置くことができるのです。この位置を指して「自分」という。人本然の生き方において、自分といえば、現在心を集中しているその場所のことをいうのです。

道元禅師は「本来の面目」と題して次のような歌を詠《よ》んでいます。

　春は花夏ほととぎす秋は月冬雪さえてすずしかりけり

花を見ているときは花になって花を見、ほととぎすを聞くときにはほととぎすになってほととぎすを聞き、月を見るときは月になって月を見、雪を見るときは雪になって雪を見る。これが、人と大自然との一番普通なつながりで、人はこういうことができるのです。こういう風に外界と繋《つな》がっているから、赤ん坊は常に第三者から見て幸福に見える。赤ん坊自身は幸福を意識しません。ただ幸福に見えるのです。

自分というものは、時と場合によってあるにはあるが、時と場合とによって位置を変える。固定されていない。このことを仏教では「諸法無我《しょほうむが》」といいます。

道元禅師はこういっています。

　聞くままにまた心なき身にしあらば己なりけり軒の玉水

これは「道歌《どうか》」というものです。道のことを歌で示す。歌だと窮屈であまり詳しくいえないから、それくらいにしかいえないのは当然だと思って、みな納得するのです。これが歌でなかったら、もっとはっきりいってくれないかと思われる。ところが、心のことをはっきりいえといわれても、できるものではありません。それで、歌にするのです。

聞くままにまた心なき身にしあらば己なりけり軒の玉水

これは、一体なにをいおうとしているか。

自分を忘れて雨音に聞き入っていた。そうすると、自分というものがないから、意識を通してはなにもわからない。しかし、そんなふうにしていると、ふとわれに返ったとき、あっ、いまのさき、ついいままで、自分は雨だれだったと気づく。そういう意味です。

自分がそのものになる。なりきっているときは、わからない。が、われに返った瞬間に、自分がいままでなりきっていたそのものがよくわかる。これが一般論です。

心について詳しく知ろうと思えば、ぜひ明《あき》らめなければならない人間が芭蕉《ばしょう》です。芭蕉くらい心のことを詳しく解き明かした人はいない。

涼しさやすぐに野松の枝のなり

芭蕉

これ、いかにも涼しそうな景色ですね。どこかの家へ呼ばれて行った。するとそこに庭がある。庭には塀がなく、外の松原に続いている。庭がそのまま松原に続いているということも、そこに生えている松の枝ぶりも——おそらくすくすくしているのでしょうね——いかにも涼しいと、そういう意味です。画趣というのか、巧みに情景が浮かんでくるように詠んでいます。うまいなあと思う。

外的状況があると、心が同化してその彩《いろど》りになる。これが情緒です。つまり、情緒という形で外的状況の影が映る。ところで、外的状況は複雑で、その中には大切なものもあれば、そうでないものもある。俳句とはどういうものかといいますと、外的状況をできるだけ簡単にして、そこから同じような情緒を起こさせようとする。どこまで簡単にするかというと「五、七、五」でいえてしまうところまで簡単にするのです。はじめからある情緒と、簡潔化してそれを映して得た情緒とが本質的に違わなければ、俳句は成功したといえるのですね。

芭蕉は、これが非常にうまい。なにしろそのときの状況が非常に簡潔化された句を詠みますから、また同じような情緒がひき起こされる。だから、芭蕉の句あってのちに、そこに詠まれた情緒というものは、はっきりみんなにわかるようになった。

人は外界そのものがどんなものであるかは決してわからないが、その像だけは見られるのですが、この像を見るには大脳前頭葉を使います。ここへ像をはっきり映そうと思えば、水に月の影を映そうと思うのと同じで、水を静かにしておかないといけません。かき回してはいけない。つまり、自我を押し通すということをやめないといけないのです。そしてはっきり影を映して見る。これを「見とめる」といいます。芭蕉の言葉です。芭蕉は俳句の詠みはじめに、このことを教えている。「散る花、鳴く鳥、見とめ聞きとめざれば、留まることなし」。

はっきりと見るためには、自我という色を使ったほうがわかりやすい。しかしながら、自我を自分だと思って押し通そうとすると、水をかき回すようなものだから、月の影、つまり外界はよく映らなくなる。

ほろほろと山吹散るか滝の音

これも芭蕉の句です。滝といっても、これは激しい急流という意味です。ゴオーと鳴っているのでしょう。ところが、どんな急流でも、人が注意を向けて聞くから心にそれがあるのであって、注意が逸《そ》れるときもある。注意が逸れると、滝の音に静寂《しじま》が生まれる。その静寂で山吹を見てみると、ほろほろと舞う微妙な山吹の散り方がはじめてわかってくる。こういう意味です。

このほろほろとした散り方は、物質ではありません。滝の音などのような物質現象ではない。どれほど遡ってもある。「不生」である。だから、万古という気がする。万古の山吹です。

もう一つあります。

春雨や蓬《よもぎ》をのばす草の道

この句は黄老《こうろう》の道の「草をのばすはこれ天の道、草を除くはこれ人の道」という言葉を踏まえた句ですが、春雨が小止《おや》みなく降り続いている。昨日もそうであった。一昨日もそうである。そのため、草の道の蓬はどんどんのびていく。草の道はそれを見ると嬉しくて仕方がない。その喜びを見ると、春雨も嬉しくて仕方がない。それで、小止みなく降り続いている。明日も小止みなく降り続けるだろう。明後日もそうであろう。そういう句です。

この調べを聞いていると、私は万古の春雨という気がします。

不生不滅

ものには生の一面と、死の一面とがあります。いつかは必ず死ぬというのが死。他方、生まれたり滅したりしない、不生不滅というのが生です。この「生」を知りたければ、右の内耳に関心を集めることです。

その反対が「見る」ということです。見ると必ず意識を通しますが、そのわかり方でわかるのは死だけです。

とにかく、余計なことをする前に、右の内耳に関心を集めて、聞こゆるを聞き、見ゆるを聞くこと。これをやりなさい。精神集中が、やがて努力感のない精神統一になりますから。「関心を集める」とはそういうことです。はじめは非常に重量的な精神集中をやる。そうすると、やがて深い精神統一へ入る。

だんだん上手になっていきますから、右の内耳に関心を集めて、自然の調べを聞いてみたらよろしい。蛙《かえる》の鳴き声でも調べはあります。自動車の爆音には一向にありませんが。風のそよぎ、小川のせせらぎ、みなこうして聞いたらよい。そのうちに関心が集まってきます。目を閉じたり、開いたり。見るということをしないように。見るというのをやったら意識を通しますし、ただちに死へと逆戻りです。

右の内耳に関心を集めると、情緒がわかるのです。やってごらんなさい。ぼくはそれを自分でやってみて、それでいっているのですから。七十一年かかってね。

精神集中、精神統一。弱いものからはじめて、だんだん強きに至りなさい。重い、重いと感じる精神集中が、のちに深い精神統一を生んでいきます。はじめは軽いのかからはじめて、浅い統一にし、だんだん増していけばいいでしょう。工夫して、これだけやってごらんなさい。観音菩薩《かんのんぼさつ》は、この一つの修行だけで不生不滅を悟ったといわれているのです。

内耳ですよ。内耳へ集めて、調べを聞く。そうすると、来る日も来る日も、生き甲斐が感じられるどころではない。日々新たにして、趣の違った生き甲斐が感じられるでしょう。

新しい宇宙像と人間像

ともかく、何がなんだかまったくわからないというのが、人類の知の現状です。さっぱりよくわからない。しかし、こういうことだけはいえます。世界の常識は間違っている。

詳しくいえば、宇宙像および人間像が、まったく間違っているのです。ここを間違えたら、正しい評価ひとつできませんから、芸術にしても何にしても、価値判断を誤るに決まっている。

いまの常識は狂っています。その常識通りに世界が動いているのだから、人類の現状はまるで間違えた軌道を走る列車のようなものです。このままでは大変なことになる。これを正しい軌道へ乗せなければなりません。

仮に戦争で自滅しなくても、地球というところに住めなくなるのに、もうわずかの時間しかないでしょう。こんなにひどい公害が出てきたのは第二次大戦後ですよ。二十数年でここまできた。東京の植物はすでに育たないでしょう。この調子で行ったら仕方がない。常識が狂ってしまっているから。

欧米の学問、思想は、物質が元で心が末《すえ》。この流れを、逆向きに変えないことにはしようがない。それには正しい仕方で科学していかないといけません。大勢で長い時間をかけて、科学的に調べていかないといけない。科学的にというのは、五感を使い、大脳前頭葉を操って、きちきちと調べるという意味です。

ところがいまは、わたし一人がそれをやっている。もうかなり長くやっていますが、なにしろ一人です。何がなんだか全然わからないというのでは困るから、少しずつやっていきたい。

何よりも、我々は心というものが不死であることを知って、これを向上させる、すなわち深めていくのが、人のするべきことだと学ばなければなりません。そのためにもなるべくは、地球上に人類が住めないなどというようなことにはしない方がよい。人類はいまくらい無知であることを自覚できるときはないのだから、それをよく自覚して、あまり慎みのないことはしないようにしなければいけません。

二　学んだ日々

私の歩んだ道

小豆と数理釈義

私は、小学校を卒業すると、郷里の和歌山県の中学校にはいりました。寄宿舎に入れてもらっていたわけですが、三年生の二学期に脚気《かっけ》になってしまいました。かなり重い脚気でして、私、体重が一番ふえたのは、そのときといっていいぐらい足がはれたのです。

それで家へ帰らせてもらって、寝て小豆ばかり食べていました。それも甘くして食べていたのです。あんなことをしますと胃をこわすばかりで、効果はないのですけれど、まあそうしていたのです。すると、静かな場所あり小豆ありで何か読みたくなる。

それで家の書庫を探したのです。

書庫といったって二階にある物置きみたいなところに、本を乱雑に入れてあるというふうなのですが、読んでおもしろそうなのはたいていみな読んでしまってある。あとは法律の本とか漢籍とか、そんなものばかりでさっぱりありません。

しかし何か読みたいというのでさがしますと「数理釈義」という本があったのです。それのもとの本は、ウイリアム・キングドン・クリフォードの「コモンセンス・オブ・ジ・エグザクト・サイエンス」というのでして、菊池大麓《だいろく》が訳して「数理釈義」とつけたのです。

その書の書き出しをちょっと申しますと、第一章は「物ノ数ハ、コレヲ数ウルノ順序ニカカワラズ」、第二章は「物ノ数ハ、コレヲ加ウルノ順序ニカカワラズ」というのですが縦書きにして片仮名で書いてありました。それも文語体で書いてある。文語体と片仮名で書いてあるからすごく歯切れがいいのですが、そんなふうで、それが読んでも読んでももちろんわからないが、そのわからなさのかもし出すあやがひどくおもしろかったのです。しかし小豆を食べながらでなかったら読めたかどうかわかりませんが、ずっと終わりまで読んでしまいました。

そのときひどくおもしろく読んだのですが、ところが、そこにクリフォードの定理というのがあったのです。これはほかはボーッとしたおもしろさなんですが、いやにはっきりしているのです。

「直線が三本ある。そうすると三角形がきまる。そうすると、外接円がきまる。で、三本あれば外接円が一つきまる。四本ありますと、そんなのが四組みできる。だから円が四つきまる。その四つの円が同じ点を通る。だから四本あれば点がきまる。五本あればそんなのが五組みできる。だから点が五つできる。これが同一円周上にある。かようにしてこもごも点と円とを決定して、きわまるところなし。」これがクリフォードの定理なんでして、真正面から神秘というものを見せてもらったような気がしたのをおぼえています。

真夏の夜の夢のころ

二学期がすみまして、三学期が始まって、三学期は短い学期ですが、初めしばらくは例によってすることがない。しかも寄宿舎は七時から九時までは、自習時間といって、ぜひ自分の机の前の座蒲団《ざぶとん》の上に坐《すわ》っていなければならない。それで――この自習時間にこの定理を証明しようなどとはもちろん初めから思いませんでしたが、ほんとうにそうかどうか描いてみようと思って、寄宿舎ですから大きな画用紙を買ったり、定木やコンパス、そんなものは幾らでも買えますから、必要な道具をそろえて実際に書いてみたのです。

実際書いてみると、ずいぶん複雑でして、六つまでは書けたと思います。そうしてそのとおりになったと思います。が、七つはなかなか書き上げられなかったのです。これは一度勘定して見てください。おびただしい三角形の数になり、しかも、へんな形の直線の一辺に近いような三角形になりますから、外接円の中心がどこにあるかなかなかきまらないし、それから平行線に近い二つの直線がどこで交わるのか、なかなかきまらないし同一円周上にあるはずの点が、どうしたって円周上になかったり、そうすると初めから書き直しということになってしまいます。

そうこうやってみましたが結局七つは書けませんでした。というのは試験になってしまったのです。ともかく試験になるまでの間書けるだけは書いてみたのです。単に神秘感を感じただけではない。それを行ないによって、彫りつけたのです。

ところで、頭は一とおりでき上がるのが満十五歳だと医者は言っておりますが、このころはそれに引き続く一、二年の間ということだったわけでして、このころは人の生涯のうちで特別な時期であります。普通に言いますとひどく感激を受けやすい時期、ほかの人もそうじゃなかろうかと言っていたのですが、それは普通の感激じゃないのです。それで、私はひそかにこのころを「真夏の夜の夢」のころと名づけているのですが、このときロバの耳を見たら、ロバの耳でなければ満足できないのではなかろうかと思います。

ほかの時期でもいえることとですが、すべて数学をやるというのは種をまいて、それがはえて成長して花が咲く。その花が咲くのを仕事ができると言っているのですが、やはり、種をまくことから始まるのでして、この時代ほど種をまくということがはっきりしている季節はないと思います。しかし、種をまくことによって結局花が咲くのだ、それが独創だということは常に言えることだと思います。

物理か数学か

こんなふうにして中学校五年を終わって、高等学校へはいりました。高等学校は三高へはいったのです。

三高の校風つまり精神は、自由だと言われています。これはどういうことかと言いますと、自由という二つの字を大事にせよということであって、その内容はめいめい勝手に考えて入れよということだったらしい。私はそれでいいと思います。そうして三高生は結局何をするかというと、自分をよく検討することから始めて、それから最後は一応自分にあった理想というものの最初のデッサンを描いて、それによって先生を選んで大学へ入る、そういうやり方をしたのです。

私は三年になりまして、たぶん私の大学の一年のとき、アインシュタインがきたと思います。三年のときにきたという可能性もあるのですが、たぶん大学一年のときにきたのだろうと思います。

それで来年はアインシュタインが来るというので、たいへんな騒ぎでした。私もその影響を受けて、思い切って理科的なことをやってみようと踏み切ったのです。それまでは工科的なことをやろうと思っていたのです。理科的なことをやりたいのだけれども、とてもやる自信がないと思っていたのですけれど、理科的なことをやるという人が同級生に十人くらい出たものですから、勇気を得て物理を選んで京都大学へ入ったのです。

こういうわけで一年物理をやってみたのですが、どうしても数学がやりたくなる。これはさきにもいったようにそういう種をまいておいたのが一番大きな理由だろうと思います。それに数学を選ばないで物理を選びましたのは、まだしも物理でオリジナルな仕事をするほうがやりやすかろうと思ったので、数学でそういうことのできる自信はさらになかったのです。ところが、三学期に安田先生という講師をしておられた非常によくできるかたがあって、その先生の試験問題の一題がひどくオリジナリティの要る問題でして、それを解きましたあと、ちょっと私の解け方が、ポアンカレーが数学上の発見はこんなふうにしてできたものだ、と詳しく説明しているのですが、そういう形式でできたのです。それだけでなく、ポアンカレーはそのことは書いていないのですが、するどい喜びがまるで物質が体内に残るように、長くその日の暮れ方まで残っていました。

私は、だから次に試験がひかえているのですが、ほかのものをやれないものですから、円山公園に行って、ベンチに寝そべって、まだ芽の出ていない木の枝をながめながら夕方までそうしていました。それはまるで砂糖分が体内に残るような喜びでした。

そのことについて、私は「発見のするどい喜び」と呼んでいるのですがこのことばは、寺田（寅彦《とらひこ》）先生から借りたのです。チョウ類の採集のとき、チョウがとまっているのをみると、それを感ずる、といっておられるのですが、これはほんとうなんです。

数学をやる理由

さて、私自身数学をやっている理由を聞かれますと、まあ答えればわかってくださるかもしれないという人でないと答えないのですが、それを言ってみますと、たとえば私、日本のことはよく知っているらしいのです。それはなぜわかるかといいますと、日本のことを勉強しますと、わかったとき、どういう気がするかというと、「何だ、このことだったのか、それなら始めからよく知っていたのに。早くそう言ってくれればよいのに。」こんな気しかしないからです。

しかしそれをやらなかったら、ほんとうは、ねむったまま知っていた、つまりめざめた形で知っていなかったというふうなのかもしれませんが、実感としては「何だかよく知っていたことをていねいにやらされてしまった」こんなふうなんですね。

それからこれは日本ほどじゃありませんが、東洋のものも、ややその感がありま す。

ところが西洋のことになると、芥川《あくたがわ》はこう言っておるのですね。「ギリシアは、東洋の永遠の敵である。しかしまたしても心がひかれる」——これは私が大学のころか、大学を出てから三年までの間、というのは、三年目に芥川は死んでいますから、そのどっかで「文藝春秋」か何かで見たのだと思いますが——、これは意味はわからないが、ひどく何かがある。そう思っていましたから二十年くらいでしょうか、忘れることができなかったのです。

そうすると、その間にだんだんわかったのですが、芥川はこう言おうとしているのだろう……「レンゲは決してスミレではない。しかしレンゲもきれいである」そういう意味だと思うのです。

つまりギリシアの文化と日本の文化と、どちらも情緒だと私は思うのですが、それ等には全然異質であるという区別があるのです。しかしギリシア文化のギリシア的情緒の美しさはよくわかる……。ところが今の日本が欧米から取り入れた文化は、ギリシアから出て南方イタリア、フランスと流れて、その辺でとまって欧州へ広まりアメリカへ広まったものなのです。だから、流れといえばラテン文化の流れですね。そのラテン文化の流れそのものが、レンゲの花のようなもので、私にわかりますのは日本的情緒——たとえばスミレの花のようなものだけなのです。芥川がここで東洋とよんでいるものは日本だと思います。

その二つの間には差があって、レンゲの花がわかるというのは、レンゲの花の美しさがわかるということ、また、スミレの花がわかるというのは、これは言いにくいのですが、道元禅師はこう言っておられます——「魚に魚がわかり、コウモリにコウモリがわかるように、スミレにスミレがわかるのだ」——つまり自分に自分がわかるというわかり方の場合は、ねむっておるのをゆり起こしてもらえさえすればあとは要らない。ところがスミレにレンゲの花がわかるという場合は決してそうではなく、やればやっただけわかるのであって、そこまでしかわからないということだと思うのです。

ところで、私一人というと問題があるかもしれませんが、複数で自分を自分たちと呼ぶことにしますと、自分たちは長い旅路を歩いているのであって、この一生というのはその一日にすぎない。芭蕉はそんなふうに思っているのだろうと思うのですが、私もそんなふうに思うのです。

それだったらすでに知り抜いているということをまた勉強するというばかはない。全然知らないことを勉強するだろう。それでラテン文化を知るためにこれは全然知らなかったのだから数学を勉強したのだろう、そう思っているのでして、ともかく西洋のものはいくらやっても、やったところまでしかわからない。そこに日本的情緒を内容とするものとの絶対的な違いがある。そんなふうに思っているのです。

これがたぶんそのために数学をやったのだろうと思うほんとの理由と思うのです。

（これは去る昭和三十八年五月二十四日ＮＨＫから「私の自叙伝」として放送されたものの一部です。）

〔『螢雪時代』昭和39年7月号〕

ラテン文化とともに

私は一九〇一年（明治三十四年）に生まれた。そして一九二九年から一九三二年（昭和四〜七年）までまる三年フランスで過ごした。終わり二年は、妻と絶えず一緒に暮らした。そのころをよく思い出すためもあって、いまこれを書き始めようとしているのである。

発端

洋行前、私は微熱が取れなくてどうなることかと思ったのだが、なんとか文部省をごまかして、いよいよ明日立つということになった。

親戚《しんせき》が大勢集まってきて碁がはずんだ。私の叔父に妻の姉を娶《めと》っているのがいる。私はその叔父と碁を打った。私が白を持って、五目置かせて打ったのだが、たいへんな碁になって、大石の攻め合いが勝敗を決することになった。私は手数を正確によんでみたのだが、黒石が五目中手になっているため、白一手敗《ま》けである。しかしちょっと見ると白石のほうがだいぶ手が長そうに見える。それにいよいよ一手を争うまでには、まだだいぶ手数的なゆとりがある。そのうえこの攻め合い以外にも、一見大きそうな所がないわけでもないし、何しろ五目の差があるのだから、相手は何かのはずみに攻め合いから外に転じないとは限らない。ここで一つ叔父の実力をよく見せてもらうことにしよう。そんな気になったから内心を色に出さないで、黒が一手詰めれば、徐《おもむ》ろに白も一手詰めるというふうにした。すると案の定、それまで意地で攻め合っていたにすぎなかった黒は、翻然我執をすてて他の大場を打った。

それでさしもの大熱戦も事実上勝敗がついたのだが、何しろこの碁は、始めたのがだいぶおそく、その上、叔父も私も碁は考えるために打つのだと思い込んでいるのだから、いよいよ叔父が投げたときは、夜はもう白んでいた。

これは京都の私たちの家での話だが、私はとうとうその夜は寝ないままで神戸から乗船した。インド洋回りで、船は北野丸である。

そのとき港まで送ってきてくれた人々の顔をいま思い浮かべてみると、父がいる。妻がいる。しかし母と祖母とは、いるようでもあり、いないようでもある。

遠くその顔人の顔消えて風吹く　井泉水《せいせんすい》

私の部屋は船首にある。私はそのベッドにはいってぐっすり寝た。目をさますと門司《もじ》に着いていた。

「春は島山霞《かすみ》に包まれて眠るが如《ごと》く、夏は満山緑の粧《よそおい》を凝らす」

小学五年の国語の時間以来の憧憬《しょうけい》の瀬戸内海を、私は未《いま》だに知らない。

船では、私は碁、将棋、花カルタ、麻雀《マージャン》と、およそからだを使わない勝負事はみなやった。食事のときと入浴のときとだけが起きている間中での例外である。入浴は時間が惜しかった。

それでは食事はどうかというと、私たちは五人で隅の丸テーブルで食べた。メインテーブルは二列になっていて、ちょうどジュネーブに世界労働会議があるので、それに出席するために乗船している、一つは政府代表、一つは労働代表である。門司出港のときは、西尾さんがランチでいつまでも見送った。

私たちのテーブルは文部省留学生が三人、外交官補が二人である。留学生中の一人は年配、一人は中年であるが、ほかの私たち三人はみな若かった。この若い三人が申し合わせて、メニューは一通りみな食べ、そのあとにつくライスカレーも取り、それにチーズを刻んだもの、椰子《やし》の実を粉にしたもの、その他、計六種類ほどのふりかけをすべてかけてライスカレーとまぜ合わせ、こうするといま何を食べているかわからないからうまいといって喜んだ。つまり食堂でだけは、ばかのように食べたのである。

こんな暮らしを四十日したのだが、海の空気はおいしいし、南方の色彩は強烈であるし、この船中の四十日間ほど楽しいときはなかった。私の微熱はケロリとそのようにとれてしまった。

パリ大学

私はパリ大学へはいるためにきたのである。ここでパリ大学のことを説明しておこう。日本の大学しか知らない人たちには、同じ世界にこんな大学があろうとは空想もできないことだろうと思う。

パリ大学のことを、パリではソルボンヌ大学という。授業料を払えばだれでもそこの学生になれる。授業料は三種類あって、そのどの一つでも払えばもう立派なこの大学の学生なのである。一つは図書閲覧のためのもの、一つは講義を聞くためのもの、一つは学士試験を受けるため、または学位論文を審査してもらうためのいわば手数料である。

私は数学の論文は、習作は日本で二つ書いていたのだが、こんどはライフワーク（生涯の仕事）を始めるための土地を選定しようと思ってきたのである。習作で学位をもらっても仕方がないから、授業料は図書閲覧のためのものだけを払った。

数学教室は独立した建物になっている。ロックフェラーの寄付金で建てたものであるが、名はアンリ・ポアンカレー研究所という。研究所というのは、教室の教授の数が非常に多く、その研究が主体になっているからである。この研究所付属の図書室にある図書を閲覧する許しを、私は得たのである。図書は数学の本と数学の雑誌とであるが、私の印象ではすべて寄贈だと思った。非常に大きな図書室であった。私はそれを見たくなれば見てよいのであって、見なければならないということは少しもない。これは非常にたいせつな点である。

教授たちの数多い私室のほかに、大講義室が二つあって、これにもフランスが誇る大数学者たちの名がつけてある。一つをエルミットの部屋、今一つをダルブーの部屋という。ほかに特別講義のための小講義室が数多くある。

パリは今でも城郭《じょうかく》で囲まれていて、外部とは数少ない大通りでつながっている。その真南の通路をポルト・ドルレアンという。そのたぶん両側に、城郭に沿って大学都市がある。パリ市はここにはその自治権を分譲していて、市の警官はその内側に沿ったモンスーリーという公園までは来るが、都市へは立ち入らない。各国がそこに会館を(多くはやはり寄贈で)建てている。私は日本会館の三階に、南の見える一室を借りてそこに住んだ。

この国はギリシャに源を発するラテン文化の流れを今でも真受けに受けている。図書の閲覧に飽きると、うまいコーヒーをのませる店があるし、そこには各国の若い数学者たちが私の語学の力ではよくわからないが、顔つきや姿態から、前向きに(過去を背負い、現在をふんまえて、見えない未来に面して立つこと)、時と場所とを忘れて熱心に話し合っているし、時を計り、コーヒー店を選べば相当よい音楽が聞けるし、街にはどこからか讃美歌《さんびか》が流れてくるし。

天つ真清水流れ来てあまねく世をぞ濡《うるお》せる

この国は緯度が高い関係で、たそがれが二時間くらいもあるのだが、その明るいたそがれの光の中を日本人たちは日本人たちで、私もその中にいるのだが、やはり前向きにめいめい自分の学問や芸術のことを話し合っているし、音に聞こえたラテン文化の流れは今でもひしひしと身に感じられる。

しばらく図書室に通っていると、いつの間にか図書室もこの流れにとけこんでしまう。

あとはただもう、クラゲのようにポカポカ浮いていさえすれば、このラテン文化の流れが私たちを、めいめいの目的地に運んでくれるのである。

論より証拠、私はその学年のうちにライフワークのための土地を見つけた。

学士試験は教科書から出る。私たちのときのはグルサーの解析学三巻が主であって、ほかに幾何学としてエリー・カルタンの、たぶんリーマン空間論が添えられていたと思う。

そのグルサー三巻は、前半は連続函数《かんすう》、後半は解析函数について書いてある。その解析函数の分野について一つの問題がある。

いわば、ここに一つの大道がある。近きを数えてもデカルト、ニュートン（以上十七世紀の大数学者たち）、オイラー（十八世紀の大数学者）、ガウス、コーシー、リーマン、ワヤーストラース（以上十九世紀の大数学者たち）によって代表される解析学の大道は、その行く手を、高いけわしい山脈によってさえぎられている。この困難は年の順にファブリー（一九〇二）、ハルトッグス（一九〇六）、E・E・レビー・ジュリア、トゥルレン、アンリー・カルタン（一九三一、これはエリー・カルタンの令息）によって、次第に明確にされたものである。

この山脈の向こうはどのような土地かはわからない。しかしこの山脈を越えなければ大道はここにきわまる。この問題の存在理由は、かようにも明らかである。

しかも困難の姿態が実に新しくかつ優美である。

のみならず、当面の問題は第一着手の発見であって、これはハルトッグス以後三十年近く、一口にいえばだれもまだ見いだしていないし、それ以前には、かようなことは問題になり得ない。

私は私の部屋で深夜ひとり、この第一着手の発見という問題をじっと見て、この問題は私にも解けないかもしれないが、もし私に解けないならばフランス人にも解けるはずがない。それにこの問題は十中八、九解けないだろうが、一、二解けないとはいいきれない節がある。せっかくの一生だからそれでなければおもしろくない。よしやってやろうと思った。まるで、

高い山から谷底見れば瓜《うり》や茄子《なすび》の花盛り

私は結局ここをやり抜くのであるが、この呑《の》んでかかるという一手以外何も使わなかったのである。日本民族三十万年の歴史はいたずらに古いのではなく、いわば心の中に高々たる山があるようなものだから、本当に真剣になればきっとここに登ってみるし、そうすればどんなものでもこう見えてしまうのである。

二年目には、中風だった妻の父がとうとう死んだので、その遺言もあって、妻が一人で船で、やはりインド洋を回って私を尋ねてきた。

マルセーユ、ニース

初めて父を失い、その遺言で一年ぶりに私を尋ねて一人旅して、やっとフランスに着いた妻は、マルセーユまで迎えに行った私にすがりつきたいような気持だったらしい。私はホテルを決めて荷物をあずけると、空の青い、景色も建物もきれいなこの港町のそこここを二人で見物し、私は一等できたのだが、妻は二等できたのだというから、二等の食事のことは聞いていたから、夕食には世界に鳴り響いているこの町の魚料理を二人で食べた。私もおいしかったが、妻はいっそうおいしかったらしい。すっかり新婚気分を新たにした私たちは、翌日はニースへ向かった。

ニースの空は抜けるように青い。真っ直《まっす》ぐ海に抜けている街に並ぶホテルのベランダには、いろいろな熱帯樹が植えてある。私たちはここに一週間ほどいた。私はチェスの本を買ってきて、大急ぎでルールや戦法を覚え、早速泊まり合わせの各国人とさした。日本将棋の応用でさしたのだが、結構させたという印象が残っている。もっとも実戦を見ながら十分考えを練りつつ、またさしつつしたのではあったが。

ソルボンヌの二、三年目

私たちはパリに帰ってソルボンヌ大学のすぐ前のホテルにしばらく泊まった。私はこの一年間、日本会館で親友の中谷《なかや》治宇二郎《じうじろう》君と一緒にいた（部屋は別々だが）。その治宇さんが、そのうちにパリ郊外のサンジャルマン・アンレーという村に、食事付きのよい下宿を見つけてくれた。ここはルイ十四世の別荘のあった高台で、立派な森があり、パリから汽車で三十分ほどセーヌ川をさかのぼった所にある。

私と妻とは何階かに一室を借りた。妻の名はみちというのだが、「おみっちゃん」「きょっさん」といい合っていたと思う。治宇さんはその天井の真上の部屋を借りた。私たちは部屋へ帰るとどてらを着た。

食堂は地階にあった。そこへは洋服を着、ネクタイも仕方がないからしめて出た。

話を学問にもどす。ソルボンヌの二年目は、授業料は図書閲覧のためのもの以外に、講義を聞くためのものも払った。問題がきまったから、特別講義を聞こうと思ったのである。先生は前に名をあげたジュリアである。先生のお宅によばれて夫妻と夕食を共にし、あとで問題のまだ残っている論文をずいぶんたくさんもらった。いくらいっても勝手にくれるのだから仕方がない。先生の論文は、がさっと大きな箱に入れてあった。少なくとも七十五あるといった。

私のほしいのは前にあげた論文一つだけである。論文は六十ページくらいだろうか、私はそれを張良《ちょうりょう》の巻物か何かのようにぐるぐる巻きにして、その上を紫のふろしきでよく包んで、学校へ行くときはいつも持ち歩いた。滅多に見ないのだが、そうしているといつも関心はそこを離れないのである。

私はラテン文化のすべてを、前いった第一着手の発明に役立てようとして、いわばその炉に投げ込んだ。しかしラテン文化の底の深さが本当にわかってきたのは、日本に帰ってからである。

私は二年の留学を、頼んで三年にのばしてもらったが、そして在仏中に習作を二つ書いたのだが、三年目も学位論文審査のための授業料は払わなかった。私には学位は全然眼中にないのである。ここで話はまた研究を離れる。

ラテン文化の底深さ（その一）

ある日私は、曇り空の下をポアンカレー研究所へ急いでいた。一変数解析函数に関する発見を一つしたからである。ジュリア教授はスウェーデンへ行っていなかったから、日本でも親切なことで通っているフレッセ教授の部屋をたたいて、書いて行ったレジュメ（要約）を見せると、フレッセは黙って戸をあけたまま出て行った。しばらくしてダンジョア教授を連れてきた。ダンジョアは持っていた『コントゥランジュ』（アイデア、新しい着想をのせる雑誌。それを半年分くらいとじ合わせてある）を開いて、私の腰掛けていた机の前に置いて、だまってさした。見るとダンジョア自身の論文である。数行読むうちに、私は耳まで真っ赤になって、その『コントゥランジュ』の上に顔をふせてしまったまま、その顔が上げられなかった。私の主張と相容《あいい》れないことが書いてあるのである。

二人の教授たちは何かヒソヒソ話し合っていたが、やがてフレッセだけが、つかつかと私のかたわらに歩み寄って、静かに私の肩をたたいて、「ダンジョア教授はこの方面の（もちろん世界における）権威だから」といった。そして二人とも静かに出て行った。戸をあけたままである。

私は下を見たまま、私の乗る汽車の出る北停車場に急いだ。いつの間にか雨が降ってまた晴れたとみえて、所々空をうつす水たまりが光っていたことだけしか印象にないが、この水たまりこそは、ラテン文化の底の深さを示すものでなくてなんであろう。このフレッセもダンジョアも、特別講義だけのための教授である。

特別講義

一般講義をする教授たちはごく少なくて、たいていの教授はみな特別講義だけをしていたような印象を、私はいま持っている。ところで、その特別講義はせいぜい三月くらい、日本の第三学期に相当するところでするだけである。夏休みは非常にながく、四か月くらいあったと思う。この国にとってはすばらしい季節である夏を、十分楽しむためである。その両側に第一学期と第二学期とある。さて特別講義であるが、各教授は、第一学期にそのプランを立てて文献を用意し、それを携えて、夏休みに避暑地で夏を楽しみつつ、研究をも合わせ楽しみ、第二学期にそのごく一部分を論文にまとめ、研究の全貌《ぜんぼう》を第三学期に講義することによってまとめるのである。詳しくいえば、その先生の講義を先生のお弟子が速記し、先生はこれに手を加えて叢書《そうしょ》の一冊にして出版するのであって、もちろん毎年変わる。この種の教科書（本のことをそういう）の特別なおもしろさは、実にここからきているのである。

この数学の研究法はしかし、私にいわせると忙しすぎる。本当の特別研究は、私にはどうしても六、七年はかけるのが本当であるように思う。私はこれを知って以来、論文が出ている間は少しも恐ろしくないと思うようになった。第一次大戦前、すなわちアンリ・ポアンカレー在世のころはどうだったのであろう。こんなジャーナリズムは、たぶん、まだ始まっていなかったであろうことが、『科学と方法』の一節、「数学上の発見」で述べた彼の数々の経験談からも察せられる。私は主としてジュリアの特別講義を聞いてそう思っているのであるが、私が招かれて彼を家に訪ねたとき、お前はなぜそんなにたくさん教科書を書くのかと問うと、彼は、「考えてもみてくれ、私には六人も子どもがあって、しかもそれがみな男なのだ」と答えたから。

サンジャルマン・アンレーの冬

私の在仏第二年の、サンジャルマン・アンレーでの冬は、実に楽しかった。

私と妻とは夜は暖炉に火をつける。それが景気よく燃えつくと棒でこつこつと天井を突く。そうするとこの合い図を心待ちにしていた治宇さんは、どてら姿で二階から降りてくる。私たち三人は暖炉を囲む。治宇さんは初め文学の創作に志し、芥川に「或る無名作家」とほめられただけあって想像力が実に豊富で、いろいろおもしろい話をして聞かせる。私たちはよく学問の話もし合った。治宇さんは考古学である。このときは妻は聞き役である。治宇さんは日本の考古学的人形の画や写真をアルス・アジアティカ(そういう叢書の名前、アジアの芸術の意)から出版するのだといっていた。さっきまでごく古い土の人形の画を描いていたらしい。この本はきっとヨーロッパで受けるといっていた。彼のこういう勘は実に鋭い。

私たちはときには芭蕉一門の連句を研究し合うこともあった。私は『芭蕉七部集』『芭蕉連句集』『芭蕉遺語集』などを日本から送ってもらって持っていた。

なぜそんなことをしたのかというと、私はフランスへ来てみて、日本には空気や水のようにいくらでもあるが、ここにはないような、何か非常にたいせつなもののあることを痛感していた。

その同じ心が、私をなんとなく芭蕉およびその一門の俳句にひきつけた。芥川の『芭蕉雑記』によると、芭蕉にいわせると、名句は名人でも生涯に十句（というと芭蕉でも十句という意味になるのだが）、普通は一、二句あればよいほうだ、というのである。そのような頼りないものに生涯をかけることは、私には薄氷に体重を託することのように思えたのだが、蕉門の人たちはどうもそれをやっているらしい。私はその神秘がうかがえると、そのわからないたいせつなものがわかってくるように思えたので、それで日本からこういう書物を取りよせたのである。ここまで書いて日数を数えてみると、これは少し後のことであったかもしれない。私たちは連句をつくってみたこともあった。

ともかくサンジャルマン・アンレーは楽しかった。そしてそこでの暮らしを思うと、いつも暖炉の火を思い出す。北原白秋の詩も思い出す。

私はここで、いずれも習作ではあるが、数学上の発見を二つしている。一つは秋、森を散歩していたとき、いま一つは春、この高台から見ると遠《お》ち近《こ》ちにリンゴの花が咲くのだが、それが見渡せたとき。これはしかし、同じ一つの論文に発端と仕上げとを与えるものである。在仏中にはいま一つ数学上の発見をして、いま一つ論文（やはり習作）ができあがっている。これはジュネーブ湖の船に乗って、船が急にゆれた瞬間にしている。発端を与えるものである。

私が思索しつつ道を歩いたり、カフェー（喫茶店）で百姓たちの玉撞《つ》きや、トランプを見たりしている間、妻は下宿のおかみさんの料理を手伝ったりなんかしていたらしい。

カルナックへの避暑

私の在仏二年目の夏、妻と私と治宇さんと、私たちの家庭教師のマダム・A・ドゥ・フェロディー（ロシア人の未亡人、私たちくらいの息子さんが一人ある）と四人は、イギリスへ突き出ている半島（ノルマンジー半島）を人の手とすれば、そのわきの下の所にあるカルナックという村へ避暑に行った。ここには巨石文化があるし、海水浴場でもあるからである。私たち四人は丘の上にある見渡しのよいホテルに三室を借りた。そのうち、マダム・ドゥ・フェロディーにいわせると、ムッシュウ・サダナケが、私たちを尋ねてきた。定兼（？）さんは文部省のお役人で、フランスの小学教育か中学かを調べて回っているのだが、聞くと統計ばかり取って回っている。こんな調べ方をして何がわかるというのだろう。

サンジャルマン・アンレーの下宿人にセルジュという小さな小学生がいた。下宿している人たちはみな、彼は天才（ゼニュイ）だといって、大きくなったら、レコール・ポリテクニック（砲工学校）かレコール・ノルマル・シューペリュール（高等師範学校）かへはいるだろうといっていた。フランスにある二つの天才児のための大学である。フランスは、天才児にはごく小さな小学生のころから目をつけているのである。そうして人を捜しているのである。ソルボンヌ大学の数学教授たちはすべて、あとの天才学校の出身である。初めの天才学校のためには、別にカレッジ・ド・フランス（フランス単科大学）がある。数学の教授は一人で、積分で有名なルベッグがそれをやっていた。ポアンカレーは初め後者にはいり、のち前者へかわったのである。

カルナックは空も海も青かった。景色はちょっとマチスが描いた、窓から見たエトルタの海岸に似ている。

教会は各村に一つある。ある日婚礼の列が私たちのホテルの下を通った。私たち四人はその列の終わりについて教会まで送りとどけた。おどりながら行ったのではなかったかという気がする。マダム・ドゥ・フェロディーだけは早くパリへ帰った。

ラテン文化の底深さ（その二）

ある日、海岸で治宇さんがゆくりなくも一人の知人に会うた。この人はこの近くのある町で鉄工所を経営している。考古学が好きで、カルナックの沖の小島を一つ買って、そこにある貝塚を日曜日ごとにきて掘っているのである。私たち三人は次の日曜の昼食にその島へ招待された。

日曜日には娘さんがモーターボートで迎えにきて下さった。主人夫妻と、お子さんたちは兄さんと妹さんとの四人家族である。この四人で、大きな貝塚を、これは世界中の人たちのものであると思って、実にたんねんに掘っては、写真にとったり文章に書いたり、一々記録に残しているのである。治宇さんは、孫の代までかかってやるつもりだろう、といっていた。私はラテン文化の底の深さを、再びまざまざと見せられた。

巨石にもたれて

巨石文化というのは、大きな石がいろいろ並んでいるのである。治宇さんは磁石と巻尺と地図とで何か測っている。私は巨石の一つによりかかって、モンテルのファミーユ・ノルマール（正規族）を読んでいる。妻は治宇さんについて行ったのだろう。空は青いし空気はおいしいし、野は緑深いし、風は涼しいし、正規族はおもしろく読める。しかし、あまり私の中心の問題とは関係がなさそうである。私はむしろ、私がまのあたり見た二つの情景、フレッセ、ダンジョア両教授と小島の貝塚とのほうが、この中心の問題、すなわち第一着手の発見に役立ちそうに思った。あたりは全く静かである。私たちはしばらくして、妻の手作りのお弁当を食べた。私の連想はまだ続いている。治宇さんの兄さんの宇吉郎《うきちろう》さんから聞いた、その先生の寺田（寅彦）先生の実験法の中では、箱庭式実験法という文字がなんだかおもしろい。静かなカルナックの夏のお昼過ぎである。

レゼイジーに移る

私たちはカルナックを立つとレゼイジーという中部フランスのビスケー湾に流れ出る川の中流にある村へうつった。水は清く、川床は黒ずんでいた。ここには洞窟《どうくつ》があり壁画があり石鏃《せきぞく》が出る。私たちは鶏を食べさせることで有名なホテルへ泊まった。サンジャルマン・アンレーの下宿の主人は、戦後まだ一度も鶏を食べないといっていた。こうしてフランス人は小金をためるのである。

治宇さんと私とは石鏃を熱心に掘った。ときどきは見事なのを買った。このときの石鏃は今でも、東大理学部の人類学教室に保存されているはずである。

妻はその間に栗《くり》を拾った。これはホテルがゆでて夜の食事のあとでみなに配った。妻はみなからほめられてうれしそうにしていた。ここは川沿いの山峡《やまかい》の村で、空気が冷え冷えとしている。妻はとうとう病気をして熱を出して医者に見てもらった。

なぜ留学を延期してもらったか

このカルナックやレゼイジーへ避暑に行ったのは、私の留学二年目の夏である。それがすむと私たちはまたサンジャルマン・アンレーの下宿へ帰った。私たちは少し蕉門の俳句というものがわかりかけてきた。どうわかりかけてきたのかというと、芥川が『神神の微笑』で、日本の神々はせせらぎの中にもいる、夕月の中にもいる、といったあれである。またゴッホの画に常にある詩情である。つまり人の世のあわれであ

る。そのときはまだ寺田先生は生きておられたから、私は、

時雨《しぐ》るるや黒木積む屋の窓明り　凡兆《ぼんちょう》

である。

は知らなかった。しかし人の世のあわれならば私には直下《ちょっか》にわかる。いえないだけ

それに芥川の『芭蕉雑記』『続芭蕉雑記』を知っている。

しかし去来の句が『一葉舟《ひとはぶね》』で説明したように、自明にわかってきたのはずっと後年のことであって、まだこのころは、「生死去来」に目ざめていなかったように思う。

冬が再び近づくと、私は留学のもう一年延期を、ほうぼうへ願わなければならない。あなた方はなぜそのようなことをするのか、とお問いになりたいでしょう。私は治宇さんによって親友とはどういうものかを知った。自覚したのは後年であるが、いまその言葉を使って説明すると、私たちがなぜそんなに気が合ったのかというと、それは治宇さんは永遠の旅人という気がするし、私はじっとつっ立っていて、決して動かないからである。こういう二つの個（個人の中核）が一つになると、どの一つにもないものが出るのである。私はこれによって生涯どれほど得《とく》をしたかわからない。妻も

いることだし、もう一年この自由なラテン文化の中にいようと思ったのである。フランスの自由とは「他の自由を尊重する自由を享楽《きょうらく》すること」である。

くたびれて宿借る頃や藤の花　　芭蕉
ほろほろと山吹散るか滝の音　　芭蕉
旅人とわが名よばれむ初時雨　　芭蕉

ご覧なさい、芭蕉と他との間には通い合う心がある。芭蕉と人里との間にも通い合う心がある。芭蕉と自然との間にも通い合う心がある。これが情である。心の底の暖かさである。淋しいのは表面だけである。これが芭蕉の「人の世のあわれ」である。この情という言葉がフランスにはないのである。ジイドの、ドストエフスキーの『カラマーゾフの兄弟』の評を見ればわかる。

私は日本人というスミレ

私は日本人というスミレだから、スミレのようにしか花咲けない。私は第一着手に情を通じなければならない。そしてその情を、その一点に集めなければならない。こういうのが正しいのだが、当時はまだそんな自覚はなかった。

これを知的にいい直したければそうしても同じことであるが、今のようにいうのが正しいと思う。何よりもやりやすいのである。関心を凝集し続けるとは、宿命の星を一つ決めてしまって殺されても変えないことである。知は自由に遊ばせるのがよい。

「はかなき夢を」

以下、情緒を主にし、日記的な叙事を従にして述べる。

治宇さんはそのうちにこの下宿を出て、パリ市内のどこか、トゥロカデロ博物館の近くかどこかに下宿した。仕事の都合もあったのだろう。私たち三人はよくパリの支《し》那《な》料理屋で鯛《たい》のあめだきを食べた。そのまま私たちの下宿に連れて帰ったこともある。

そのうち病気になって一時病院へはいり、やがてそこを出てパリ市内の、たぶんもとの下宿へ帰った。そこから病気だから至急来てくれという速達がしばらくぶりに私たちの下宿へとどいた。

私たちはすぐに行って医者を呼んだ。医者は取るものも取りあえずに来て、胸にハンカチをあててよく聴いて、私をかたわらに呼んで小声でいった。「お国へ電報をお打ちになって、ご家族をお呼びになったほうがよい」このときである。私に次の芭蕉の句のよさがはっきりわかったのは。

蛸壺《たこつぼ》やはかなき夢を夏の月

妻は、つきっきりで看病した。私はどうしたかよく覚えていない。たぶんこの下宿の近くへ下宿し直したのだろうか。それだったらここは、もとのソルボンヌ大学に近い所である。

そのうち病気が思ったよりよくなったので、治宇さんはスイスのローザンヌ郊外のサナトリウムに移った。これはジュネーブ湖（レマン湖）畔のスイスの古都である。

私は同じジュネーブ湖畔の仏領のトノンという村へ行って、ちょうどもう在仏三年目の夏だったので、その湖畔の切り岸の上の貸し別荘を一軒見つけて借りた。三階建てで部屋数もずいぶん多かった。行く行くといっていたパリの日本人たちがみな来られなくなったので、私たちは三人でそのガランとした別荘に住んだ。下は食堂だが、二階は湖に面した隣合った二た部屋だけ戸を開き、三階は閉め切りである。

市場へは私が買い出しに行くのである。治宇さんは生ガキにレモンをしたたらせて汁ごと食べるのが好きで、妻はカキを割るのに骨を折った。湖の姫鱒《ひめます》をにぎり鮓《ずし》にしてよく食べたが、そのため後に三人とも條虫《じょうちゅう》をわかせて困った。治宇さんはだいぶ元気になって俳句を詠《よ》んだ。その中から拾ってみると、

戸を開く僅《わず》かに花のありかまで
子等遊べ主なき庭の巴旦杏《はたんきょう》
湖を渡る白波明け切らぬ
山暮れて山際一筋の夕明り
山暮るる異国の湖の秋の風

トノンの宿では、ゼニアオイの花の赤かったのが印象に残っている。私たちはアルプス連峰が雪を頂くころまでここにいて、ドイツを経てパリに帰り、三人でまた同じ私たちの下宿に下宿した。そのうちに一九三二年になり、前年には満州事変が勃発《ぼっぱつ》していた。

日本民族という私の宿命の星

ここは情緒を省かずに描こう。

一九二九年に私は、一人でシンガポールの渚《なぎさ》に立っていた。長い椰子の木が一、二本斜めに海につき出ている。はるか向こうには二、三軒伊勢《いせ》神宮を思わせるような床の高い地元の人の家が、渚にいわば足を水にひたして立っている。私は寄せては返す波の音を聞くともなく聞いているうちに、突然、強烈きわまりないなつかしさそのものに襲われた。時は三万年くらい前、私たちはここを北上しようとして、遅れて来る人たちを気づかいながら待っているのである。

パリで聞いた、満州事変を起こした日本に対する世界の非難はものすごい限りである。私たち三人の日本人は下宿で小さくなっていた。その間に、三月くらいの間にだろうか、私がほうぼうでたびたび述べたような日本民族という絵巻物が、私の動かせない情緒として結晶していったのである。

友は脊髄《せきずい》カリエスだし、妻は妊娠しているし、ポンドの暴落でお金はもうあまりないし、私はもときたインド洋を二等で引き返すことにした。

木の葉の香

日本へ着いて親戚《しんせき》に迎えられて、父母の家に帰ろうとして大阪市から高野電車に乗った。紀見《きみ》峠の手前の天見《あまみ》という駅で降りて、小路にはいると木の葉のにおいが強く鼻をうった。フランスの木の葉には、においがないのである。私は日本へ帰ってきたと思った。峠の家で祖母や父や母はなんといったろう。たぶん妻の妊娠を一番喜んだのではなかったかと思う。

私は異国の梅や菊が国土の花になるには、千年くらいはかかっただろうと思っている。葉でも花でも国土のにおいがしなくては仕方がないと思う。坂本（繁二《はんじ》郎《ろう》）さんも強く木の葉のにおいのことをいっていた。

私の数学研究のその後

数学の問題については『一葉舟』に詳しく書いておいたから読んでほしい。第一着手を発表したのは一九三六年。それを一応適用してみせたのは一九四二年である（実際は一九四一年に論文を送った）。ここまでだけを数えても、一九三〇年から足かけ十二年である。やや切りがついたのは一九五二年かと思う。その後のものはただ一つしか発表していない。私がうまくバトンタッチできるかどうかは今後に掛かっている。ただまだできていないということは、できないということではない。

情緒

私の数学のほうは『一葉舟』に譲って、ここでは私がどんなふうに私の宿命の星、日本民族を調べていったかをお話ししよう。

日本民族は情の民族である。フランスには情という言葉はない。和英によると、英米にも情という言葉はない。ある米人の妻となっている日本女性は、Soul（魂）というのが情であるといったが狭すぎる。人と人との間にSoulが通い合うだろうか。ドイツについては、フィヒテの指さす方向に情はない。情の色どりが情緒である。

時雨るるや黒木積む屋の窓明り　凡兆

（黒木はまきの一種、割り木である）そんなとき、そんな所に佇《たたず》んでいると、なんだか過去世に自分がまだ小さかったころ、その団欒《だんらん》の中で笑いさざめいていたような気がしてくる。ここでこの気をすべてとみて、我執のほうを捨てなければいけないのである。そうすると、それがこの世のことでないのが妙に淋しくなる。それでよいのである。もう時雨のよさ（人の世のあわれ）がしみじみとわかる。凡兆はその境地でこの句を詠んだのである。それがだんだん深くはいるに従って、この世のことであるとか、前世のことであるとか、自分のことであるとか、他のことであるとか、自他弁別本能からくる甘ったるいものはみな取れてしまう。芭蕉はその境地で句を詠んでいるのである。

初時雨猿も小蓑《こみの》を欲しげなり　　芭蕉

情緒は知、情、意および感覚の広義の情の全面に汎《わた》る。蕉門の連句集から抜いて例示すると、

梅が香にのつと日の出る山路かな　　芭蕉
所々に雉子《きじ》の啼《な》き立つ　　蕉門

この二句のかもす情緒の調和は情的情緒である。

灰汁桶《あくおけ》の雫《しずく》やみけりきりぎりす　凡兆

油かすりて宵寝する秋　芭蕉

これは意志的情緒の調和である。画に描き得ない一幅の名画である。

雨の宿りの無常迅速　野水

昼ねむる蒼鷺《あおさぎ》の身の尊さよ　芭蕉

これは知的情緒の調和である。

掌《てのひら》に虱這《しらみは》はする花の影　芭蕉

霞《かすみ》動かぬ昼のねむたさ　去来

これは知的情緒の調和と感覚的情緒の調和との中間である。

青畳敷きならしたる月影に　野水

並べてうれし十の盃　去来

これが感覚的情緒の調和である（編注：句の引用については、原則として、岡潔の当初の原文のままとしている）。

人とはその人の過去のすべてである。人は時の諸内容をエキス化して一所に貯《たくわ》える。これが情緒である。このときたびたびいったように不純物がとれる。知、情、意、感覚、いずれも自他弁別本能のどろどろしたものがとれていって、平《びょう》等性智《どうしょうち》の冴《さ》やけき存在が、だんだん現われてくるのである。

かくして時のエキスがその人の情緒の全体となって、その全体が時がたつにつれてふえていくのである。

芭蕉と道元

私は芭蕉によって、典型的な日本人とはどういう人をいうのか、ほぼわかった。そして私もそういう人だという一応の自覚を得た。

しかしそれをもっとよく調べたいと思って、道元禅師（村上天皇七世の孫）をよく調べた。十数年調べて、自分はそういう人の一人である、という十分の自覚を得た。

しかし私は、まだそれでは満足できなかったらしい。慧能《えのう》の米つきにならって一九三六年から一九六七年まで足かけ三十二年かかって、岡潔の二字を粉々につきくだいて糠《ぬか》にしてしまった。そして箕《み》でふるった。そしてやっと自分はスミレである、という本当の自覚を得たのである。日本民族はスミレである。今はまだかくれているこのスミレが、花咲くかどうかは知らぬ。しかしもし花咲かないならば、それは春がこないことを意味する。もしまた咲き続けるならば、「永久に長閑《のどけ》き春ならめ」であって、すぐ季節が過ぎてしまうというようなことにはならないであろう。

大和乙女の恋

特に絶対にラテン文化に見倣《みなら》ってもらっては困るものがある。それが大和乙女の恋である。

畝傍《うねび》山樫《やまかし》の尾の上にいる鳥の鳴き澄むきけば遠つ世なるらし

の作者折口信夫《しのぶ》は、終戦後間もなく死んだが、今日あるを予見して、「大和乙女よ、大和乙女の恋をせよ」といい残した。

まず芥川に説明してもらおう。

時は平安、式子《しょくし》内親王が、「春の限りの夕暮の空」と詠まれた、ちょうどその季節のわずかに暮れ残るころ、一人の貴公子が、「思ひやるべき方もなき」ままにそぞろ歩いていると、これが宿世《すくせ》の縁《えにし》というものか、ゆくりなく一人の美女が、「咲きも残らず散りも始めぬ」桜を背にして、まるでその精とでもいうように、見るから立派な門の前に立って、もうさっきからこちらを見ているのに会った。目と目と見合っただけで二人の情が一つにとけ合った。ただしばらくそうしているだけで、二人はこれがこの世のことか、前世のことか、まだ見ぬ世のことかわからなくなった。時がなくなったのである。やがて空間も無くなった。

やがて男はやむなく立ち上がって、堅く明日を契《ちぎ》り、乞《こ》われるままに扇を渡した。

次の日、少し早くそこに来て、昼の光の中で見ると、ただ荒れ果てた築地《ついじ》しかない。いぶかりつつ中にはいってみると、桜の木の根元にその根を枕《まくら》に一匹の白狐がその扇を顔にあてて死んでいた、というのである。

白狐だからそれで済むが、人の場合はその後がいる。そのあとを芭蕉に問うてみよう。芭蕉はまだ二十に満たぬころ、隣家の娘と文字どおり命がけの恋をし合ったのであるから。

その芭蕉は伊勢の海、駿河《するが》の海、石見《いわみ》の海といっている。それでその後は弟橘媛《おとたちばなひめ》や松浦佐世媛《まつらさよひめ》のようにしてほしい。よい子を産んでよく育てるのもよいだろう。国は喜ぶだろう。

私はよく知らないのだが、これらでみると、大和乙女の恋は一生に一度きりしか花咲かないのかもしれない。

〔『岡潔集』(学研刊)第四巻より〕

中谷治宇二郎君の思い出

一九二九年に私はパリにいた。パリは城郭の跡であって、その南の門をポルト・ドルレアンというのであって、そこに国際学生都市があり、その中に日本人会館がある。私はそこに住んでいた。治宇二郎《じうじろう》さんの兄さんを、この人ももう亡《な》くなったのだが、宇吉郎さんといって、人工で雪を作ったりなんかした実験物理学者である。この人もこのころ日本人会館に住んでいて、毎夜私の部屋へ来て実験物理の話をした。宇吉郎さんは寺田寅彦先生のお弟子、その寺田先生は漱石先生のお弟子であって、『藪柑子《やぶこうじ》集』（吉村冬彦著、岩波文庫　編注：吉村冬彦は寺田寅彦の筆名）を書いた人であるが、この人の実験物理学は私には珍しくて、熱心に聞いた。そんな日が二週間程続いた。そんな或《あ》る日、治宇二郎さんがシベリヤを通って来たのである。

宇吉郎さんは非常に親切な人で、このときも私たち（治宇二郎さんと私）を連れてパリのそこかしこを案内してくれたのだが、宇吉郎さんは用事を足しながらそれをやっているのだが、私たちはついて行くのがせい一杯であった。

治宇二郎さんはどてらを着てのそっとしているのが好きらしい。パリでもいつもそうしていたのである。そこのところが私とひどく好みが合って、私たちは急速に近づいていった。

この親交はだんだん深まっていって、私は治宇二郎さんによって親友とはどういうものかを実際に知ったのであるが、なぜそうなったかという理由は永い間わからなかったのだが、今度思い出を書くに当たって、それがわからなければ何も書けないような気がしたから、数日そこに関心を集めてみた。「心的内容の次第に明瞭《めいりょう》に現わるるは注意にて」と或る高僧はいっているが、人の大脳前頭葉はそういう不思議な働きを持っている。注意とは意を注ぎ続けることである。心をその一点に集め続けていると、霧にかくれて見えなかった山の姿がだんだん現われてくるように、あちらが見え始めこちらが見え始めして、ついには山の全容が見られるようになるのである。その結果をお話しする。

日本人は模倣が上手だといわれているが、支那から文字その他を取り入れたときも、印度から仏教を取り入れたときも、今度西洋から物質文明を取り入れたときも、いとも易々とそれをやっている。まるで掌《たなごころ》を指すようである。どうしてこういうことができるのかというと、それはいわば全《すべ》てを既に十分よく知っていて、ただ名前を知らなかっただけだからである。

子供をよく見ると、子供は生まれてから三十二か月くらいの間に、無形の森羅万象を作ってしまう。私はこれを情緒といっているのであるが、その人の中核である。これに自他の別、時空の観念、理性の初歩、等がつけ加わる。そうするとだいぶ形ができてくる。大人が名や系統を教えられるのはその後だからである。

これと同じことであって、日本が有形の文化を取り入れることができたのは、無形の文化を持っていたからである。いともたやすくそれができたのは、この無形の文化が非常に高いからである。この無形の文化を私は日本的情緒といっているのである。

私は数学を研究してきたのであるが、フランスへきてやるべき問題を探り当てたとき、それをじっと眺めてこう思った。これは実にむずかしい問題である。しかしこれが私に解けないようなら、フランス人に解けるはずがない。

まるで呑《の》んでかかっている。私はこの自信がどこからきたのだろうかと思って、永い間問題にしていた。なぜかというと、私は一言にしていえば、これ一つで欧米人が数学と呼んでいる有形の文化にたずさわったのだからである。力もなければ不慣れでもあった。答はどうかというと、日本の無形の文化は非常に高いから、そこから見ると、欧米の有形の文化は、

高い山から谷底見れば瓜《うり》や茄子《なすび》の花ざかり

という あの俚謡《りよう》のように見えてしまうからである。

これだけ準備すると、治宇二郎さんと私との親交の本性を説明することができる。治宇二郎さんも私も、西洋の学問をそんなふうに眺めて、それについて若人らしく、いろいろ計画や抱負を語り合ったのであって、それが実に楽しく、そんなことのできる相手にはめったにめぐり合えないから、互いに強く引き合ったのに違いない。

心の基調の色どりについてはどうであるかというと、治宇二郎さんと私とでは少し違うようである。治宇二郎さんの家はかなり永い間浄土真宗を信じてきたのであって、そのためかもしれない。

治宇二郎さんの家は石川県の片山津にあった。温泉の出る、静かな湖畔のまちである。中学一、二年のころ、お家は貸し本屋をしていたらしい。私は自分をふり返って、

人の子はこのころ本を興味本位に、速く多く読ませると、非常に読書速度がつくものであって、治宇二郎さんは小説を興味本位に読むと一時間に二百頁《ページ》くらいよむ。私も相当速いほうなのだが百二十頁くらいしかよめない。治宇二郎さんは芥川は一時間に六百頁くらいは読むといっていた。六百頁というと不思議がる人があるかも知れないが、何も不思議はないのである。人は一字一字拾って読んでいるが、これができるのは背後に全体が一時にわかる無作別智が働いているからであって、だからことさら一字一字読もうとさえしなければ、それがなかなかできないのであるが、できるようになれば、いくらでも速く読めるわけである。非常に速く読んでいるときは、読んで欲しい字は、向こうから目の中に飛び込んでくるのである。

速く読めても仕方なかろう、外国語ならまだしも、という人があるかもしれないが、これをその季節にやらせておかないと心が小さくなってしまって、後に大きな計画を立てることができないのではないかと思う。だから人の子はぜひそう育てて欲しいと思う。

治宇二郎さんは子供のころからのそっとしていたらしい。

中学五年のとき創作を書いた。そしてそれを芥川に送った。芥川は大変感心したらしい。「或る無名作家」といった風な表題の小品で、こういう意味のことを書いている。私の所に北陸の或る青年から作品を送って来た。読んでみると豊かな才能が感じられる。しかし私はこの青年に東京に来て文士になることを勧《すす》めなかった。なぜかというとこういう青年は地方にそっと置いておくほうが、日本が豊かになるように思ったからである。

本人になぜ文士になろうという志を捨てたのかと聞くと、自分は詮索癖《せんさくへき》があるから適しないといった。

中学のときは撃剣が好きで上手であった。ところが或る日水に飛び込むと、意外に底が浅くて、うんといったまましばらく動けなかった。このとき脊髄に故障ができたのである。このことがこれ以後の治宇二郎さんの生涯にずっと影響しているように思われる。

なぜ考古学をやったのかと聞くとこう答えた。「自分は鎌倉《かまくら》に住んだことがあるが、鎌倉の海は家々の台所に続いている。しかし北陸の海は、〈北国日和《ほっこくびより》定めなく〉いつ逆風が吹いて三角波が立つかわからない。そうなるともう岸に近づくことは生命の危険なしにはできないのである。私は昔からこんな所に住んでいる人たちがあわれで、その暮し方が知りたかったのである」私は汽車に大阪から乗って金沢で降りたことがあった。糸魚川《いといがわ》行きであったが、夜の雨の中に消えて行く汽車の後尾の赤い灯を見ていると、なぜか人の世が悲しかったことを思い出した。

　考古学を始めると、すぐ縄文土器を調べようときめて、東北地方を回って、三年間に三万枚のカードを採った。奥さんは盛岡の方だがこの時期に知り合ったのかもしれない。寺田先生がそのことを聞いて、治宇二郎さんと会ったとき、そんな無茶をしてはいけない。からだを壊してしまうといわれた。

　これをまとめたのが卒業論文であって出版されている。フランスへ来るまでに出版されたものは、このほかに『日本石器時代提要』があるが、いつ書いたのか知らない。フランスへ来て、卒業論文を三十四枚に要約してフランス語で出版した。私も一部貰《もら》って読んだが、大変よく書けている。カードを自分で集めて後の研究法は、技術から起こった模様が、連続的に変形した有様を見たのだといっていた。フランスの有名な人類学の大家モースも、大変この方法をほめていたということである。

　私たちはベッドを机がわりに使っていた。そのベッドの上でこのレジュメについていろいろ話し合った。レジュメがあれば少しは思い出されるのだろうが今手許《てもと》にない。

　私たちは二人共芥川が好きである。芥川は「ギリシャは東洋の永遠の敵である。しかしまたしても心が引かれる」といっている。この言葉がよく話題になった。彼はこういった。

「ギリシャの神々は岩山から岩山へと羽音も荒々しく飛び回っていたのである。しかし日本の神々はそんなではない。天の玉藻《たまも》の舞という言葉がそれを表わしている」彼はこうもいった。「ギリシャの文化は僅か三百年程ででき上ったのだが、どうしてそんな短い間にあんな立派なものができたのだろう」当然ミロのビーナスの顔が話題になった。彼はこう教えてくれた。「日本の女性の顔は、奈良、平安、鎌倉、徳川と変わっている。丸く長く丸く長くと変わったのである。これは美の標準が変わるからである」そしてこういい添えた。「明治以後少しビーナスに似てきたのではないか」なるほど私たちの美の標準は少しそちらに傾いているかもしれない。私たちは自分を見失ってはならない。

私たちが初めて会ったのは夏であったが、私たちはこの日本人会館に翌年の二月ごろまでいた。治宇二郎さんはモースの講義を聞いたり、トゥロカデロの博物館に通ったりしていた。私たちはまたよく学生都市の横のモンスリー公園を散歩した。フランスはツアイライトといって、昼から夜に移る間が非常にながく二時間くらいある。そのころ散歩するのである。

二月に私の妻が日本から来たので、私たちは日本人会館を出てパリに別々に住んだ。よく一緒に支那料理を食べた。鯛《たい》の飴焚《あめだ》きが大変なご馳走《ちそう》ということになっていた。

そのうちに夏が来た。私たちは避暑にカルナックへ行った。ここはノルマンジー半島のつけ根の所にあるビスケー湾に面した村である。治宇二郎さんと妻と私と私たちのフランス語の家庭教師である初老のフランス婦人と四人で行ったのである。ここには巨石文化の遺跡がある。それを調べながら、といってもそれをしたのは治宇二郎さんだけであるが、かたわら海水浴しようというのである。避暑とは夏を楽しむという意味である。

この辺の百姓はサボという木靴をはいて、のそりのそりと歩いている。私たちを外国人扱いすることなく、婚礼の行列の後尾に加わらせてくれた。

カルナックの海岸には砂浜もあるが岩の切り立った岬もある。あるとき私たちがその岬を散歩していると一人のフランス人に会った。ナンシーというまちで鉄工所を経営している人なのであるが、考古学に興味を持って、この近くの小島を一つ買い取った。そこに大きな貝塚があるからである。

この人は日曜には一家でその島の小さな家に来て、一家でそれを掘るのを何よりの楽しみにしている。治宇二郎さんと考古学会で一度言葉をかけ合っていたので、すぐ治宇二郎さんを見つけて、次の日曜には皆で島の家にささやかな昼食をとりに来てくださいと招待された。

次の日曜に私たち四人はその家の娘さんの運転する車に乗って船着場に行った。そうするとそこにはモーターボートが待っていて、私たちを乗せて出発した。息子さんが運転してくれた。二人共、少しもなりふりかまわない姿で、全く感心した。

昼食は鶏が出てなかなかご馳走であった。フランスでは戦後十年まだ鶏を食べたことのない人が、相当の暮しをしている人たちの中にもかなりいるのである。主人は話し相手を得た嬉《うれ》しさで治宇二郎さんとかなりくわしい話をする。家庭教師がいるからそんなことができるのである。私たちはそれを見ながらお料理を味わう。なかなか楽しかった。主人のいったことで一番感心した点をとり出してお話ししよう。

貝塚は、いったん掘ってしまってからは、もうもとの姿にはかえせない。だから私たち親子は掘ってからもそれが誰にでもわかるように、何度も写真を撮ったり、それを細かく説明したりしながら掘り進んでいるのである。だから遅々として進まない。この分では掘り終わるのは孫の代になるだろうが、私にはそれがいうにいわれぬ楽しみなのである。家の皆もそれがわかってくれているらしい。

私はそれを聞いて強い感激を受けた。食後貝塚を見せてもらったが、貝塚は相当大きく、かつ深いらしく、掘った部分は、それにくらべると、まだごく狭く浅い。なるほど三代かかるだろうと思った。西洋の文化は、土に深く根を下しているのであることを、私たち日本人は知らなければならない。

私たちは、カルナックに一月程いて、それからレゼイジーに行った。家庭教師はついて来なかったから今度は三人である。レゼイジーというのは、中部フランスの山地にあって、ロアール河の中流に沿った村である。ここには先住民の壁画のある洞窟《どうくつ》もあれば、石鏃《せきぞく》の出る貝塚もある。主としてその貝塚を掘ろうとして行ったのである。私たちは食事がよいので有名な宿に泊った。なるほど食事には日曜ごとに鶏が出た。ロアール河は、この辺では川床の土が黒いため、水は澄んでいるのであるが黒く見える。傾斜の急な緑の小山が川縁に臨んでいて、静かな川の面にはっきりと影をうつしている。底が黒くて水が澄んでいるからよくうつるのである。

治宇二郎さんは壁画の拓本をとりに行った。私と妻とはついて行った。動物を簡単な線で描いているのであるが、実に上手で、全く驚いた。人の文化とは不思議なものである。

石鏃はほとんど掘り尽してあるのだがまだときどき見つかるのである。私たちは熱心に掘ったがなかなかない。妻は退屈して栗拾いをした。ここで掘ったものは、治宇二郎さんが寄付して、東京大学の人類学教室にあるはずである。

栗はゆでて、食事は皆一緒にするのだが、そのとき皆にくばった。カルナックは温かくて、海岸らしいからからした空気だったが、ここは山間らしくどこかひやっとする。水蒸気が多いのかも知れない。私は山地に育ったからこんなのが好きなのだが、妻には合わぬと見えて終わりごろはからだの具合がよくなかった。ここにも一月程いて、私たちはパリに帰った。

パリに帰ってしばらくして、治宇二郎さんが、パリの近郊のサンジャルマン・アンレーという所に、食事付きの下宿を見つけてきた。それで私たち三人はまた一緒に住むことになった。ここはパリから汽車で三十分程セーヌ川を遡《さかのぼ》った所である。高台になっていて、ルイ王朝の別荘のあった所で、なかなか見渡しがよい。別荘は今は博物館になっている。その庭は広い林である。これは開放されている。私はよくその林間の小径《こみち》を散歩しながら数学の問題を考えた。

そのうちに冬が来て、妻と私とは部屋の煖炉《だんろ》に薪を入れて火をつけた。そうしておいて、杖《つえ》で部屋の天井をこつこつ叩《たた》く。それが治宇二郎さんの部屋の床に響く。治宇二郎さんはしかけている仕事をやめて、どてら姿で降りて来て、私たちに加わって焚火を囲む。治宇二郎さんは日本の土偶の写真を並べたり、特に詳しく説明したいものの絵を描いたりしているのである。きょうの仕事についていろいろ話す。でき上がったら、アルス・アジアティカの一冊として出すことになっているのだが、なかなかおもしろいものができそうだから、西洋人は珍しがってよく読むに違いない、と抱負の一端を示す。

この仕事はだいたい仕上げてしまったのだろうと思うがよく憶《おぼ》えていない。あとはどうなったのだろう。アルス・アジアティカは出版されなかったのだが。

春になると治宇二郎さんは、今新しく考えている仕事は博物館の近くでなければ不便であるといって、ここを出てパリに下宿した。

治宇二郎さんの消息はその後しばらく絶えていたが、ある日突然働き過ぎて肺を悪くして、今スイスのローザンヌのサナトリウムにはいっているという手紙がきた。

私はさっそく見舞に行った。初夏のある日である。ローザンヌはジュネーブ湖に臨んだまちであって、サナトリウムはよく湖の見晴せる丘の上に立っている。治宇二郎さんはなかなか元気であった。あとしばらくおれば出てもよいということである。ちょうど次の日に患者たちが湖を周遊する企《くわだ》てがあったので、私もその一行に加えてもらった。

その日は空が青く晴れていた。ここはだいぶ高いから紫外線がよく働く関係で湖水は紫色を帯びて見えるのである。雪を頂いたアルプスの峰々が取り囲んでいて、船の進むにつれて景色が変わる。緑の丘の上に白いホテルがある。緑の小島の中に古い城がある。船は私たちで借り切ったのである。皆嬉々《きき》として喜んでいる。そして私たちもその喜びの中に加えてくれた。これが隣人愛というものであろう。非常に楽しかった。親切とは色どりが違う。日本人の親切もなかなかよいが、これもまたなかなかよい。しかし違うことは全く違う。ちょうど春の野のすみれとれんげのようなもので、共に美しいが違うことは全然違うのである。

私はやがてジュネーブ湖畔のフランス領のトノンという村に貸し別荘を一軒見つけて、治宇二郎さんと妻と私はそこに住んだ。

大きな別荘で三階あって、部屋数はずいぶんあった。しかし借り賃はそんなに高くなかった。誰も来る彼も来るというからここを借りたのである。その中には考古学の森本六爾《ろくじ》さんもはいっている。森本さんは、治宇二郎さんの崇拝者で、治宇二郎さんがパリに来たから、間もなく後を慕って来たのである。私も日本人会館で数回会ったがその後会わない。パリで何をしていたのだか知らない。

私たちは二階の二室を部屋にした。下は食堂になっている。三階は全く使わず閉め切ったままでおいた。この別荘はジュネーブ湖のすぐ上に建っている。私たちの部屋からは湖とその周辺の山々とが見渡せる。しかしこれからは緑のジュラ山脈だけが見えて、アルプスの雪の連峯《れんぽう》は全く見えない。同じフランス領でも隣り村のエビアンからはアルプスがよく見えるのだが、物価がまるで違うのだから仕方がない。

治宇二郎さんと私とはここで芭蕉の俳句や蕉門の連句の研究を始めた。私はなかなかわからなかった。私がこの方面を真剣にしらべ始めたのは日本に帰ってからである。ここで詠んだ治宇二郎さんの俳句をご紹介しよう。

戸を開く僅かに花のありかまで
子等遊べ主なき庭の巴旦杏《はたんきょう》
湖を渡る白波明け切らぬ
此《こ》のみち暮れて山際一条の夕明かり

第三句であるが、井泉水《せいせんすい》の名吟「湖を落つる川水暮れ切らぬ」はあるが、句意も感覚も全く違っているから、とってよいだろう。

第四句に関してであるが、彼は私にこういった。「岡さん、山暮るるという上の句の下をつけてみなさい」なるほどこれはむずかしい。このときはつけられなかった。最近になってサンデー毎日に「湖底の故郷」を書いたとき、治宇二郎さんの思い出を書いているとこのことを思い出したので下をつけてみた。

山暮るる異国の湖の秋の風

妻は料理にせわしかった。買出しだけは私も手伝った。この湖からは姫鱒《ひめます》がとれる。妻はそれを握り鮓《ずし》にした。なかなかうまかったが、そのため私たちは日本に帰ってから条虫に苦しめられた。よく蠣《かき》を売りに来た。私たちは好んで食べた。深い海から取れるものだからチブス菌等の心配はなく、生《なま》で貝の上にレモンを落として食べるのである。これはうまいにはうまいのだが貝を割るので大変なのである。

治宇二郎さんと私とはずいぶんいろいろなことを話し合ったのだが、二人の意見が全く一致した次のことが深く印象に残っている。

歴史なんかむしろ史実かどうかわからない点が多いが、伝説は今日でも民族の血汗の中に脈々と生きている。実際私は子供のころからずっと、紀元節は天孫降臨の日のシンボルだと思ってその日を喜んでいたのである。ずっと後年になって、たぶん国民精神総動員か何かのとき、あれは神武天皇即位の日だと聞かされてがっかりした。土の高千穂を吹き下す風なんかが何の役に立つというのだろう。ただしまだ見ていないが、霧島神宮に額《ぬか》ずけば、それとは別の何かが感じられるだろうと思う。

私たちは山に初雪の降りそめるころまでここに居てパリに帰った。私たちの住んだ家の前の小路には、家々の庭に銭葵《ぜにあおい》が赤く咲いていた。そういえば日本人会館の部屋の窓からは、白い野莿《のいばら》が咲いていた。

パリに帰って私たちはまた別れ別れに住んだ。治宇二郎さんはまた忙しく働いた。そして働きすぎてまた仆《たお》れた。今度は医者も首をひねった。そしてそっと私をよんで日本の家族に電報を打つほうがよいといった。本人は何も知らないらしい。私は初めて芭蕉の名句、

蛸壺《たこつぼ》やはかなき夢を夏の月

がわかった。

しかし幸い大したこともなく、カトリックの尼さんの経営している病院にはいった。治宇二郎さんはそこから私たちと一緒に帰りの船に乗ったのである。

治宇二郎さんは病人だし、妻は妊娠しているしするから、私たちはまた印度洋を通って帰ることにした。治宇二郎さんの病名は脊髄《せきずい》カリエス、この人だけは印度洋は初めてである。ポンドの暴落で持ち金が乏しかったから二等に乗った。

帰るとすぐ治宇二郎さんは由布院に静養した。私はすぐ広島へ赴任した。

夏休みになると、私は妻の様子を見て、それがすむとすぐ由布院へ行った。治宇二郎さんの伯父さんは別府の旅館亀《かめ》の井《い》の主人にすっかり見込まれて、由布院《ゆふいん》の金鱗湖《きんりんこ》畔《はん》に見事な庭を作り小さな家を建てた。これが亀の井の別荘であって、伯父さんはその別荘守りをしていた。その一部屋に治宇二郎さんは病臥《びょうが》していたのである。私はその横に寝そべって話し合った。毎日朝から晩までその姿勢で話し合ったのであるが、何を話したのか一つも思い出せない。全く不思議である。こんなに話題が尽きなかったのは主として学問の話をしたために違いないと思う。治宇二郎さんは寝ていてしたいことができなかったのだし、私は問題は決めて来たがその第一着手が全く見いだせなかったのである。そのため広い空間があるふうなことになって、自由奔放に図を描き合うことができたのであろう。どんな図を幾百枚描いたのだろう。ともかく何も思い出せない。庭には木賊《とくさ》や萩《はぎ》が植えてあった。

次の夏も、その次の夏も、こんなふうにして送った。私は由布院で三夏語りあかしたわけである。第一年目、第二年目は夏休み一杯いた。第三年目は、妻と数え年三つの長女すがねとを連れて来ていたのだが、そのすがねが腎盂《じんう》炎で高熱を出したため由布院を引き上げた。これが私たちの別れとなったのである。そのときの治宇二郎さん

の句が、

サイレンの丘越えて行く別れ哉《かな》

その次の夏は宇吉郎さんに招かれて北海道へ行った。その翌年三月治宇二郎さんは急逝《きゅうせい》したのである。パリでロシヤ人に描いてもらった肖像画を縮写したのを治宇二郎さんはいつも枕元に立ててあった。お葬式のときある人が「たいせつな岡さんでしたが、私にください」といって持って行った。

治宇二郎さんがせっかく書いておいた考古学の論文も保存が悪くて読めなくなっているし、考古学についてずいぶん聞いたことも少しも書き留めてない。私は皆様に誠にあいすまないことをしたと思っている。

（昭森社刊中谷治宇二郎著「日本縄文文化の研究」所載）

〔『岡潔集』第五巻より〕

三　情緒とはなにか

絵画

ことし（昭和三十九年）になって、いろいろいそがしくて、私はとうとう二、三、四の三ヵ月間、数学の研究が一ページもできなかった。こんなことは近ごろにないとである。こんなことをすると、また数学の研究ができるような状態にもどるのに、ちょっと時間がかかるにきまっている。

少し研究が途切れた場合には、三日めにはまたよく研究できるようになるのだが、これでは時間が短か過ぎて、何がどう変って行くのかよくわからない。今度は、その見きわめたい所が、いわばスローモーション・フィルムで見せてもらえるだろう。そう思って、私は期待をもって待ち構えていた。

第一、第三、第五と、私は一日飛びに三日、数学の研究を、例によってリポーティング・ペーパーに書いて、日付を入れた。そうすると河上さんが来て、赤目渓へ行かないかと誘って下さったから、一緒に行くことにした。画家の河上一也さんである。淀川《よどがわ》の支流、木津川の上流は大和アルプスに源を発している。これが香落《こおち》渓であって、赤目四十八滝はそこにあるのである。

大阪から出て、大和アルプスをかかりの所で横切って、伊勢湾ぞいに北上して名古屋に行っている電車がある。それを川の所で降りて、少し自動車で南に行くと、赤目渓の入口に来た。延寿院という寺の二階に落ち着く。

なんという素晴しい眺めであろう。前面は切り立った山をめぐらしていて、その山は五月の緑でおおわれている。頂きに少し松があるが、他は桜と楓《かえで》ばかりだということである。空はよく晴れているから鮮緑が目にしみるようである。正面には、ずっと高い所に滝が懸っている。平日は空滝なのだが、昨日大分降ったからきょうはこんなにみごとなのだという。滝の響きがここまで聞えて来る。しかしこれはこの滝の音ではないのだという。全く仙境である。

着いたのは午後も大分遅かったから、その日は手近な滝を二、三見るに止めた。

河上さんは私たちの夕食のためにといって、川魚を釣りに出かけた。私は一人で、景色に目を遊ばせながら、考えるともなく考え込む。

きょうは月曜だから静かなのだが、土曜日曜には、昨日は大変降ったからどうだったか知らないが、普通は大変な人出で、遠く東京辺から来る人もずいぶんあるという。人の多い市の中から、このような所に来ると、心がひろびろとするのであろう。自他の別のある世界が社会である。人は社会の「もの」や「こと」には「関心」が持ちやすいのである。

十代の女性が百貨店に行く。そうすると靴が目に付く。これが関心である。いったん靴に関心を持ち始めると靴のことが実によくわかって来る。そしてどれを買おうかというのでいろいろ選び始める。時間等いくらかかろうと一切頓着しない。最後にこの靴ときめるまでやめない。その間靴に対する関心はずっと持ち続けられているのである。

大きな駅で大勢、省線電車を待っている。電車がもう来るとなると、一斉に身構え心構える。電車がはいって来て徐行すると、どのドアーにしようかとうかがう。目の色が変っている。止ると、降りる人を少しやり過して、両側から中へもぐり込む。そして自分の席を占める。関心はそこで終るのである。この場合は前の場合に比べて、関心を持ち続ける時間は短いが、勢いはすさまじい。

いずれも、自分のものにしようと思うから、または想像するから、こんなによく関心が持てるのである。

関心が持てる、といったが、これは能力ではない。能力ならば、それを働かせることも、働かせないことも、ともにできるのであるが、この種の関心は、持たないでおこうと思っていても、またしても持ってしまうのである。

こういうことがあった。仏教の一宗に光明主義というのがある。念仏三昧《ざんまい》を主眼にしている。三昧とは精神統一という意味である。大阪と神戸との間に芦屋《あしや》市というまちがある。もう大分前のことであるが、私は十数人の奈良女子大の数学科生を連れて、芦屋の光明主義聖堂へ行って、五日間泊り込みで修行をした。

上にいったような自他の別のある所で持つ関心を社会的関心ということにしよう。五日間修行すると、初めての人でもこの社会的関心が目に見えて薄くなるのである。私がその事実の一つを眼前の具体例によって指摘すると、皆そのことに気付いて、口々に不思議だという。店頭の靴を見ても何とも思わないし、乗換えの省線電車がはいって来ても、別に急いで乗ろうとは思わない。そうなると、大勢の人がつまらないことに目の色を変えているのが滑稽《こっけい》に見えて来る。往《い》きには自分たちもそうであったことを思い出して、むしろ不思議に思うらしい。無明《むみょう》の力が弱くなっているからこうなるのである。

こうなると、何だか清々《すがすが》しく、何だかひろびろした気がする。皆大喜びであった。もしこの印象がながく心に残っていてくれるのであったら、光明主義はまことに勤めやすいのであるが、実際は一週間とたたないうちに、ケロリと忘れてしまうらしい。無明がその恐るべき力を復活するためであろう。困ったものである。

前にいったように、週日に市から仙境に来たがるのも、そうすると少し心の汚れ（無明）が洗われて、何となく気持がよいからであろう。

自他の別のある世界を社会といった。時空のわくのある世界を自然界ということにしよう。理性の働くところも観念のいいあらわせるところも皆自然界である（この言葉をこの広さに規定するのである）。

自然界のものには、それでも、まだしも関心が持ちやすいのだが、ここを越えるとなかなか関心が持てなくなるのである。

ここを説明しようとすると、何よりもまず言葉に困る。ここにおいて「個」を何と呼べばよいのだろう。個とは自然界においては「もの」といわれているものである。「もの」とはものの数が一つ、二つ、三つ等といわれている、あのものである。

欧米流にいえば、存在とでもいうのかも知れないが、ここは禅の言葉をそのまま取り入れて、「法」と呼ぶのがよいと思う。

法の世界を法界《ほっかい》という。真我とは法界における一つの法であって、主宰者という働きの一面と、不変のものという本質の一面とを持っている。真我（主体である法）が関心を一つの法（客体である法）に集めているとき、主宰者の位置は対象の所にある。法という言葉の使い方は無礙《むげ》自在をきわめている。たとえば一つ一つの法も法ならば、その有機的集合も一つの法であり、理法も一つの法である。禅では、法とは「任持自性規生物解」のことだということである。私はそう教えてもらってからもう十年以上にもなるが、近ごろまで意味がよくわからなかったのであるが、どうもこれはこう読むのらしい。任持自性規、生物解。自性や自規を持つにまかせて置け、そうすればわかって来る。しかしこれだけが読み方ではないだろう。だから真我の本質（不変のもの）は一つの法である。

さて、はじめにいった、しばらく数学の研究をやめると、なぜ再び始めにくいのか、という問に対する答であるが、数学の研究の対象は一つの法（まだ最も広い意味においても、姿のないもの）である。これにのみ関心を集め続けることがなかなかできないのである。

私は名前は、いくら聞いても直《す》ぐ忘れてしまうのであるが、禅師とその弟子とがあった。禅師がじっと坐《すわ》り込んでいる。それを見て弟子が、先生何をしていらっしゃるのですか、ときいた。禅師はこう答えた。「個の不思量底を思量する」。ある一つの、どうにも考えようのないほとりを考えているのだ、という意味である。そこで弟子は当然きいた。「不思量底如何《いか》が思量する」。禅師は答えた。「非思量」。ただその法に関心を持ち続けるのだが、これは自分も法になっていなければできないのだ、という意味である。

数学の本質は禅師と同じであって、主体である法（自分）が客体である法（まだ見えない研究対象）に関心を集め続けてやめないのである。そうすると客体の法が次第に（最も広い意味において）姿を現わして来るのである。姿を現わしてしまえばもはや法界の法ではない。

道元禅師はこういっている（『正法眼蔵《しょうぼうげんぞう》』上巻、現成公案、岩波文庫参照）。「身心を挙《こ》して色を見取し、身心を挙して声を聴取するに、したしく会取《えしゅ》すれども、かがみにかげをやどすがごとくにあらず、一方を証するときは一方はくらし」親しく会取するまでが法界のことであって、鏡の映像をよく見ることは自然界のことである。

昔、アルキメデスは、金の王冠を切り割らないで底まで金であるかどうかを判定するにはどうすればよいだろう、という一「法」に、長い間関心を集め続けていた。そういったある日、彼は風呂《ふろ》にはいった。そうすると湯がざあっとあふれた。彼は「わかった！」といって、あまりの嬉しさに、われを忘れて、街を裸で飛んで帰った。

これが「親しく会取」したのであって、彼はここに止《とど》まったから、発見の非常に鋭い悦《よろこ》びが当然伴ったのである。アンリ・ポアンカレーの数学上の発見の場合には、「証明の隅々までハッキリわかる」というような余計なことをする。なぜ余計なことかというと、そうしなくても疑は全く起らないはずだから。だからこれは「鏡に影を映」したのであって、私はそういうことをした経験がないからよくわからないが、そうすれば多分「発見の鋭い喜び」は伴わないのであろう。ポアンカレーはそのことを少しも書いていないのだから。

法が法に関心を集め続けてやめないのは情緒の中心の働きだと思う。そうすれば終《つい》には客体の法が主体の衆生（このときはもはや法ではない）の「心窓の中に入る」のであるが、これは大脳前頭葉の「創造」の働きである。

数学の研究の場合には、私の場合を例にとっていうと、大体二年間くらい関心を集め続けるのであって、そうすると一つの論文が書けるのである。長期にわたって関心を集め続けると、情緒の中心は、生理的に大変疲れるらしい。世にいう「しんが疲れる」というのはこれであろうと思う。こういうことをした後は少なくとも二《ふ》た月くらいは休まなければいけないのであって、私は漱石がはやく死んでしまったのは、これをしなかったためだろうと思っている。

繰り返していうと、数学の本質は、主体である法が、客体である法に関心を集め続けてやめないということである。このことは当然「算数」のはじめからそうなのである。だから算数教育は、まだわからない問題の答、という一点に精神を凝集して、その答がわかるまでやめないようになることを理想として教えればよいのである。

答がわかるというのは、当然自分にわかるという意味であるから、以前のように検算はやらせた方がよい。

法に精神を統一するためには、当然自分も法になっていなければならない（主宰者の位置は客体の所にあるのだから。そうすると当然「自他の別」を超え、「時空のわく」を超えることになる）。そうするといわば内外二重の窓がともに開け放たれることになって、「清冷の外気」が室内にはいる。これが児童の大脳の発育にとってきわめて大切なことであって、義務教育における、数学教育の意義の第一はここにあるように思われるのである。

禅と数学とは、本質は同じだと思われるのであるが、表現法は全く違っている。もし結果を科学にしようと思うのならば、数学の表現法のようなものを使わなければ困るであろう。

関心の持ちやすさのことであるが、社会のものについては関心を持たないでいることがむしろむずかしく、自然界の「もの」にはまだしも関心を集め続けやすいが、法界の法に関心を集め続けることは非常にむずかしいのである。場所の広狭を、この判定の仕方で決める仕方がある。そうするとこうなるのである。社会は一番狭く、自然界はそれより広く、法界は一番広い。人の心は狭い所に閉じこめられてしまっている。だから広い所の「もの」に心を集めることはなかなかできないのである。

社会心が一番狭く、自然界心はそれより広く、法界心が一番広い。法界心の底は、すべての人の心が一つづきに続いてしまっているといわれている。釈尊はこういう意味のことをいっている。自然界の法界にあること、なお大海に一漚《おう》の浮べるが如《ごと》し。それくらい広さが違うのである。

法界は、一即一切、一切即一の世界だから、その一法に関心を集め続けておれば、心は全法界に拡《ひろ》がっていることになる。

心を全法界に拡げているのでなければ、注意が全体に行きわたるということはない。

私は、何度もいったように、日本が大戦に突入する直前、世界的な戦争をすれば駄目であることは、わかり切っているのだから、まさか本当に戦争をすることはあるまいと思っていた。そうすると寝耳に水のように大戦を始めてしまった。終戦になってから（これは予期しなかった。亡《ほろ》びてしまうと思っていた）、このことがいかにも不思議で、なぜそういうことになったのだろうと思ってよく考えてみた。そしてやっとわかったのだが、軍部は井戸の中の蛙《かわず》である。井戸の中のことは実によく知っているが、その井戸と外界との関係については少しも知らない。井戸の中の蛙に委《まか》せておいたから、日本は大戦を始めてしまったのである。幸い亡びないですんだのだから、今後は何か大きな心配が目に映ったら、ひと委せにはしないで、必ず注意することにしよう。ところがたとえば、これはテレビで聞いたのであるが、非行少年をあずかっている法務省の役人の中に、素人《しろうと》がこの問題についてかれこれいうのはけしからん、といっている人がいる。狭い社会という所に閉じこもっている人たちの中には、ずいぶん井戸の中の蛙が多いだろうと思う。こういう人たちは少し禅でもしたらどうであろう。

数学の研究は自分が創造するのであるが、他の創造したものがわかるということについてお話しよう。

小宮豊隆《とよたか》さんの名著『夏目漱石』で読んだのだと思うが、ある時期の漱石はひどく良寛の書を欲しがっている。私がこれを読んだのは満州事変と支那事変との間であった。私はそのとき以来一度良寛の書を見たいと思っていた。ところが近ごろまでその機会を得なかったのだが、近ごろその写真版四冊を見ることができた。

第一冊を見ると、表紙に「天上大風」と大きな字で書いて署名している。字の配置は正方形の四隅に一字ずつ書いている。

私はそれを見ると直ぐわかった。とっさで、何がどうわかったのかわからないが、一切がわかってしまったのであろう。良寛の書がいわば真正の書であることを、少しも疑わないようになったから。

じっと見ていると、何だかこせこせした心の中のもやもやが吹き払われて、心が段々清々しくなり段々ひろびろして行くような気がする。翌朝もう一度その四字を見ると、字の姿から見て、横に右から左に強い風が吹いているのである。

このはじめのわかり方を「信解《しんげ》」というのである。たとえば『正法眼蔵』に「智ある者若《も》し聞かば即《すなわ》ちよく信解せん」という句が引いてある。

これにならって、第二のわかり方を「情解」、第三のわかり方を「知解」といえばよいと思う。

人が芸術品について語るさい、まず知解を詳細にのべ、少し情解に及んで終る、のが普通であるが、実際はその逆の順に起るのであって、しかも本当にわかるときは常に信解に始まるのである。

この信解だけが純粋に法界の現象であって、私という主体の法が、天上大風という良寛の書という客体の法に関心を集めると、直ちにこの信解という現象が起って、私はとっさに一切を「親しく会取する」のである。だから私は、真善美は理性界とただ「存在感」によってのみ交渉するといったのであって、私はこの信解のない芸術品はほめないことにしているのである。

法界のみが実相界であって、社会や自然界は仮象界である、真善美妙は法界にしかない。私は真善美は「実在」であるが、妙（宗教）は「必要」だと思っている。

河上さんが鮠《はや》を釣って来て下さったので夕飯にした。食後、話は自然絵のことになった。河上さんから聞いたところをお話ししよう。

佐竹徳《とく》という洋画家がいる。もうだいぶのお年である。河上さんはこの人を日本一の渓流画家だと思っている。一昨年の暮にこの赤目へ来て、大きな柱状節理の岩の前に小さな裸の楓の木が一本あって、すぐ前を渓流が静かに流れている場所を選んで描き始めた。画面はほとんど岩ばかりであって、一番前の所にごく少しだけ流れが見えている。河上さんはその構図を見て、なるほどとうなずきもしたが、自分だったらこれでは何か足りないと感じるだろうとも思った。

佐竹さんは毎日そこへ行って、一筆一筆ゆっくり描いている。描きかけた所を一応描き上げてから次の場所に移るという描き方らしい。いかにも描くことを楽しんで描いているというふうである。河上さんは見ていて、佐竹さんが描くとこんな色がこうも綺麗《きれい》に見えるものかと思った。また一見あまり彩《いろど》りの変化のないところにこんなにも微妙なニュアンスがあるのかと思った。

佐竹さんは三月ほど描き続けた。そうすると春になって、楓は芽ぐみ苔《こけ》は色づき始めた。佐竹さんはもう絵にならないといって、ここを去った。絵は描きかけのままあずけてある。まだ少ししか描けていない。こんな調子で描いたら描き上げるのに三年はかかるだろう。ことしは来なかった。オリーブ園を描いているのであろう。

佐竹さんは画家として実にめぐまれた人で、奥さんが昔は小学校か幼稚園かの先生をしていた。今は幼稚園の経営者になっている。生活費はそちらから出るから、佐竹さんは好きなように絵を描いておればよい。

オリーブ園を描きに行ったことがある。そうするとちょうどそこに佐竹さんの絵の好きな富豪の立派な別荘があって、その人は佐竹さんにそこを宿舎にするようにいって、毎日大変なごちそうをした。ところが佐竹さんにしてみれば、それがきゅうくつでたまらず、とうとうそこを抜け出して、近くにあった養老院へはいって、そこからオリーブ園へ通い続けた。ここは大変佐竹さんの気に入ったらしい。ことしもそこへ行っているのであろう。こういう性格の人だから、まだ芸術院会員にもなっていない。河上さんはきいた。岡先生は富岡鉄斎の絵を見たことがありますか。私が、見たのかもしれないが印象に残っていない、というと、河上さんは鉄斎の話をしてくれた。鉄斎は八十いくつかのとき息子さんを亡《な》くした。大変望みを嘱していた息子さんだった。

鉄斎は世に望みを失うとともに俗気が全く抜けたというのか、それ以後絵が俄然《がぜん》よくなった。鉄斎は数え年八十九で死んだのだが絵は後になるほどよい。奔放自在をきわめていて、どうしてあんなふうに描けるのかと思う。

岡先生は坂本繁二郎の絵をどう思いますか。私が馬の絵を描いた人かときくと、そうだという。あの馬の絵ならば、私は『明治大正画壇の歩み』で見たことがある。洋画の中で一番深く印象に残っている。河上さんはいう。

坂本さんは、あれから三十年ぐらいになるが、郷里の九州の片田舎に引きこもって、今でも、非常に寡作《かさく》であるが、絵を描きつづけている。お嬢さんがあるのだが、ごく小さいころ小児マヒか何かにかかって、不自由になった。奥さんもことによると早く亡くなったのかもしれない。坂本さんはそのお嬢さんの世話をするためか、そのころ郷里に帰った。そのお嬢さんもうだいぶんの年になっている。

一度芸術院会員に推薦されたのだがことわった。そうすると東京に出て行かなければならないことになって、その間お嬢さんの世話をする人がいないから、断ったのだという。

絵は段々さえて、近ごろでは何を描いても絵になると思っているらしく、煉瓦《れんが》二枚と瓦《かわら》の破片二つとだけを描いたのがある。それが不思議に立派に絵になっている。また壁の高い所に能面が一つ懸けてあって、下にその能面を入れる箱が描いてある絵がある。壁の広い空間が、充実しているように感じるから不思議である。

宮本武蔵《むさし》の絵を見たことがある。実によく描けている。こんな絵を見ると、私たち画家は何をしているのだろうと思う。武蔵の絵はごく少ししか見出《みいだ》されていないのだが、すべて国宝になっている。

私は、杉田善孝上人《しょうにん》(光明主義)から聞いた釈尊の話をした。ある時釈尊がある牛飼いに六根《ろっこん》の話をした。

六根というのは、根というのは感覚器官のことであって、そのうち五つは眼耳鼻舌身であり、第六は意根である。意根というのは西洋の言葉でいえば大体知性の目のことであって（本当はこの二つは決して同じようなものではないのだが、そう思って聞いてもらえばわかるというのである）、場所は大脳前頭葉である。

普通の人の六根は、まるで六匹の動物のようなものである。六匹とは、鰐《わに》、蛇、野干《やかん》、鳥、猿、犬である。野干とは狼《おおかみ》のことである。人はこの六匹に綱をつけて持っているようなものである。外へ出ると大変である。鰐は水の中へはいろうとする。蛇は湿った草叢《くさむら》へはいこもうとする。鳥は空へ飛び上がろうとする。野干は野を走ろうとする。猿は森の木の枝をつたおうとする。犬は家の中へはいろうとする。てんやわんやである。

しかし私の六根はよく飼い馴《な》らされていて、決してめいめい勝手な行動をしようとしない。みな私の意のままに動く。

釈尊は、人の六根には無明がまじっていることをいったのである。その程度は人によってさまざまである。六根清浄《しょうじょう》とよくいうが、この無明がとれることである。

前に山がある。眼を閉じれば見えなくなる。これが大自然の否定的な半面であって、西洋の「物質観」はこの半面を説明するには便利である。また実際よく説明している。どうすれば見えなくなるかということについては、医学は詳しく教えている。この身体はよく故障を起すからこれを治すことも必要なのであって、こういった否定的半面もよく研究しておかなければならないのである。

しかし、眼を開いて下さい。今は夜ですが、昼だと想像して下さい。前の山が見えるでしょう。この見えるという簡単な言葉の内容は実に複雑微妙でしょう。

まずいろいろな色が見える。これは感覚である。この感覚の内容が既に人によって大分違うらしい。画家は一般に常人より優れた色彩感覚を持っているらしい。また眼根の無明をとれば、無明が段々薄くなって行くにつれて、色彩は段々鮮かになって行くのである。たとえば、芦屋の光明主義聖堂へ行って、五日間の別時念仏（泊り込みの精神統一の修行）をすると、誰でも三日目には庭の木々の彩りや輝きが平素とは全く違って来ていることに気付くのである。

色の調和となると差は一層大きい。これはその人の生活の仕方によって非常に変るようである。すなわち、色の調和がわかるという、そのわかり方には、その人の人柄が関係するのである。

次は情趣であるが、これは人によってわかる深さがまるで違うようである。そして深さに限りがないと思う。

たとえば古都奈良の深々とした秋の日射《ひざ》しの趣は、いくらいっても俗人にはわからないらしい。たとえばどんどん、古い壊れかかった築地《ついじ》を取り払って、新しいつまらない垣に変えたりしている。

これが、自分に前の山が見えているという簡単な言葉の内容であって、上にいったのは仮りにその二、三をあげたに過ぎない。外にもさまざまな種類の内容がある。これが見えるという働きの肯定的な半面である。この半面については、医学は少しも説明していない。全然説明するつもりが、はじめからないのである。

もののよさのこの半面について(よさといえばわるさもはいる)、それがいかにして起るかを説明しようとしているものは、古往今来仏教しかない。西洋の「物質観」に対して、仏教の見方を「非物質観」ということにしよう。真善美妙がわかるのは、一口にいえばもののよさがわかるのである。もののよさがいかにしてわかるかを調べようと思えば、非物質観による外ないのである。物質観が正しいか非物質観が正しいかは、理性の世界に止まっていたのでは決定できない。これを決定するには仏教的方法を許容しなければならない。理性の世界に止まってお話ししよう。

そうすると、物質観と非物質観とはどちらが目的に合うか、ということになる。これは時と場合とによるであろう。私たちは時に応じ場合に応じて、その目的に合うものによればよいのである。

日本は明治以後段々もののよさがわからなくなって来ているようである。よさといえばわるさもはいる。近ごろではたとえば、非行少年が心配だといっても、そのわるさのわからない人が多いらしい。本当にこれ程顕著なわるさがわからないところまで来てしまっているのであろうか。反対するために反対しているのならば、まだしもよいのだが。そうでないとすると物質観が先入見となってしまっているためだろうか。それだとまだしもよいのだが、世に無明（自己本位のセンス）の闇《やみ》が深いためだろうか。

先ほど聞かせていただいた絵のことですが、佐竹さんの絵にはきっと慎ましい深い趣が出ていると思う。さぞ美しい絵だろうと思う。ぜひ一度見たいものである。深い悲しみは、もしすなおにこれを受け入れるならば、非常にその人を深めるものである（「人の世」の林冲《りんちゅう》参照『岡潔集　第二巻』所収）。私は高村光太郎の彫刻を見たが皆非常によい。分けても「裸婦座像」や「白文鳥」は自然のわくを超えていて、深い大自然の愛が全体ににじみ出ている。深い悲しみの体験を持つことは、芸術家にとって非常に恵まれたことである。鉄斎の南画も多分、自然のわくを超えた、非常によいものであろうと思う。

坂本さんの絵は、聞くとおりならばハッキリ自然のわくの外に出ている。この人の体験したのは長い苦しみである。長い苦しみも、深い悲しみのように、その人を深めて、時空のわくから解放する力を持っているのであろう。

宮本武蔵の日本画についても、坂本さんの絵の場合と同じことがいえるのかもしれない。

少し前、まだ暮れ切っていないころ前の道を一対の男女が通ったのであるが、河上さんは今それについてこういった。あれは画家とモデルです。画家は決してモデルをこんなふうに使ってはならないのであって、そんなことをすればそれ以後のその人の絵は目茶目茶になってしまうのだが、今はむしろそうするのが普通である。

一人の洋画家がある。何を描いても赤を基調に描いてしまうし、自分の服装もそうなのだが、近ごろその変った絵が不思議によくなって来た。その人は以前は女性に対して全く放埒《ほうらつ》で、奥さんは全く捨てて顧みなかったのだが、近ごろその奥さんが重病にかかったので、その人は初めて驚いて、家におとなしくしている。絵が急によくなったのはそのためだろう。

いま日本で洋画家の大部分は（河上さんは洋画家なのです）、厭悪《えんお》を催すような色を平気で使っている。他人《ひと》は厭《いや》だから使わないのに、自分しか使えないのだと思っている。またそんなのがもてはやされ高く売れるのである。

先生のお話でよくわかりましたが、絵は富岡鉄斎や坂本繁二郎を手本にするとよいのですね。

私は、念のため一度実物を見たいと希望した。

翌日もよくはれていた。私たちは川沿いに（さかのぼるのですが）滝を一つ一つ見て歩いた。観光客が多く、その中には弁当のからを川に捨てる心ない人たちもかなりいるから、缶詰の空缶が川底のへこんだ所に一面にたまっている。数というものは恐ろしいもので、この長い谷川が、どこも皆そうなってしまっているのである。これだけははなはだ遺憾であるが、国がその必要に気付いて、多額の経費をかけるべきだと判断すれば、取り除けないこともないであろう。今は仕方がないから、空缶は見ても見ないようにすることにした。

きれいな渓流である。水は岩盤の上を流れているから濁らないのである。両側は切り立ったような山で、それが新しい緑に蔽《おお》われている。

所々に咲き遅れた椿《つばき》や藤の花がある。セキレイや「茶ん袋」が岩づたいに流れを渡り歩いている。山鳩《やまばと》もいるらしい。水量が増しているので河鹿《かじか》はあまり鳴かないが、鶯《うぐいす》が所々で鳴いている。

両側の山の岩は安山岩であって、その柱状節理が崩れ落ちるので、川には大きな岩が多い。流れは時に緩やかに、時に激し、また時としては滝とかかって実に変化がある。滝壺《たきつぼ》は驚くほど深く蒼々とたたえている（百二十メートルもあるものもあると聞いたように思う）。

佐竹さんが今描いているという岩があった。河上さんが前に「逆光の赤目渓」に写した景色の所へ出る（岡潔著『紫の火花』の「春の日射し」参照）。私は河上さんにきいた。「あなたはこれを写生していたとき、自分は今この景色の所にいる、と思いましたか」

河上さんは否定した。私はこう思った。結果があれほどの絵になるのならば、描いているときは当然内心そう思っていたはずである。その自覚がないのは、この人にもやはり物質観が先入見となってしまっているため無明が内心の実感を打ち消したのであろう。そういう自覚が出て来れば、それによって自然のわくの外に出ることができるのだが（平等性智《びょうどうしょうち》）。

それで私は河上さんに、仏典で非物質観をよく知ると、それによって先入見となっている物質観を打ち消すことができるから、ぜひそうなさるように、とよくすすめておいた。

奈良に帰ると、河上さんは早速いろいろ画集を持って来て下さった。佐竹さんの絵がある。鉄斎の絵がある。坂本さんの絵がある。宮本武蔵の絵まである。お話にあったものは皆ある。見るのが実に楽しみである。鉄斎の絵以外は色がついていないが、画集ならば読者は比較的簡単に見られる場合があるかもしれないと思うから名称をあげておく。

・金山平三《かなやまへいぞう》画伯佐竹徳画伯二人展、日動画廊（一九六二年）
・坂本繁二郎展（一九六三年、主催読売新聞社）
・『鉄斎』座右版、筑摩書房
・東洋美術大展覧会図録（便利堂）

宮本武蔵の絵は左記の図録の中に二枚ある。

佐竹さんの絵は二十点くらいある。その一つ「清津渓谷」を少し説明すると、画面は縦横ほとんど同じ長さであるが、そのほとんど全部が一枚の岩であって、前に少しだけ渓流が静かに流れている。流れのほんの一部だけが見えているのである。岩には斜の節理や、それとほぼ直交する斜の亀裂《きれつ》が並んで走っている。色彩の変化や明暗のニュアンスが細かい心遣いで全面に行きわたっているから、それで、少しも単調さを感じさせない。むしろ深い渓谷の奥の人知らぬ岩の心を、これほど細かく汲《く》み取ろうとすれば、他のものが描かれていては邪魔になるだろうと思った。他の絵も大体そんなふうであった。私はこの人の絵がぜひ見たいと思う。きっと美しい日本の「歌」が聞けるであろう。

坂本さんの絵だが、『明治大正画壇の歩み』で私が見たのは「放牧三馬」、描かれたのは一九三二年である。これは疑いもなく一個の「美」である。既にこの絵に充分示されている力（無差別智）は年とともに磨かれて、いよいよ輝きをましたらしく、河上さんから聞いていたものを例にとると、長方形の図面の上四分の三までが壁面である図がある。そのごく上の方に小さな能面が一つだけかかっている。下四分の一は床であって、そこには能面入れの箱と軸物の箱と布切れが一枚とだけ描いてある。その全体が緊密な内部的調和を保っていて、見る人に少しも壁面の空白を感じさせない。全く不思議である。これは一九五四年の作である。

煉瓦二枚と瓦の破片二枚との図は一九四四年の作である。これが実に美しい調和を保っているから不思議である。色彩が見たいものである。さぞ美しかろうと思う。

画集『鉄斎』を開いてみる。私はこの画集をくって行くうちに、南画家鉄斎の筆力が全く非凡であることを充分に「知解」した。鉄斎の絵は実に雄弁に話し掛けて来るから、最初に知解が来るのである。私は前に、良寛の書のところで、実際には「信解」、「情解」、「知解」の順に起るといったが、これはそういう場合が多いというだけであって、実際にはさまざまの場合が起りうるのであることを知った。

東洋美術大展覧会図録は上下二巻からなっている。武蔵の絵はその第一一三と一一四と二枚であって、上巻にある。いずれも色彩抜きの墨絵であろうと思う。鵜図《うず》と枯木鳴鵙図《こぼくめいげきず》とである。ともに、ものみなが凛然《りんぜん》として生きている(芥川作『沼地』参照)。道元禅師の『正法眼蔵』のどこかで、ある禅師が「法性無漏の大海は森羅万象を包含すれども、ただ絶気のものを含まず」といっている。弟子が絶気のものとは何ですか、と問うと、禅師は「死屍《しし》」と答えている。武蔵の絵からは、この「死屍」がみんなとれてしまっている。だからこうなるのである。国宝として珍重する価値充分である。

しばらくたってまた河上さんがみえて、今京都岡崎の美術館でミロのビーナスを展覧させているが、同じ美術館の一部に「近代日本美術展」が開かれている。そこには坂本さんの絵もあれば、鉄斎の絵もある。先生もおよろしかったら見ていらっしゃいませんか、と教えて下さった。

私は妻と姉娘とを連れて見に行った。途中前田卓央さん御夫妻と一緒になった。前田さんは作曲家で今私と同じ奈良に住んでいる。数日前にみえて、あるピアノの曲をひいて下さった。この曲について後にお話ししようと思う。前田さんたちはビーナス展へはいられた。私たちは別れて「近代日本美術展」の方へはいった。

鉄斎の絵は一点であって、「嫦娥奔月図《じょうがほんげつず》」という。数え年八十八の時の作である。

私は容易にこの絵の構成を「知解」することができた。この絵の基底にあるものは、支那の仙界における男女の精神的な、しかしながらやはり享楽《きょうらく》である。それだったら、八十で非常に出世を期待していた息子さんがなくなって、そのあと非常に淋しかったのであろう（非常にかなしかったのではないだろう）。充分同情は持てるが、同感はできない。真の日本人ならば、ここで一段と努力して、この俗界を離れてしまおうとしたであろう。

平城《へいぜい》天皇（だったと思う。ことによると嵯峨《さが》天皇だったかもしれないが）の第三皇子に高《たか》岳《おか》親王という方があった。父天皇の切なる願いを振り切って、予約されていた至尊の位を捨てて、仏法を求めて支那に渡り、意に充《み》たなくて、さらにインドに行こうとして、インドシナで黒豹《くろひょう》に襲われてなくなられた。比べて見ると、志気の違いがよくわかるであろう。

しかし筆力は誠に非凡である。息子さんのなくなったのが契機で、人の世の約束をことごとく無視し去ることができたためだろう。

仏教では各人の心（アーラヤ識）の現われが自然であるといっている。

この絵においては、正しく、月に住む仙女嫦娥と、酒に酔って寝てしまっている地上の一人の男の仙人との心が、絵における自然となって現われたのであるということが、いかにもよくわかる。鉄斎は画面にまず二人のこころを描き、次にその現われとしての自然を描いたに違いない。

普通、人は自然の中に心があるのだとしか思えない。それでそういう人の描いた絵もまた、そのようにしか見られないのである。

酒仙の前に生えた木の葉の色であるが、実によい調和である。鉄斎の心の中に、俗情そのものは形を変えないで残ってはいるが、一応浄化されてはいるのである。

次に坂本さんの「三牧馬」を見た。「何の疑う所もない」。私はすっかり清々しい気持に帰ることができた。

妻と娘とはビーナス展を見た。待ち合わせて、私たちは帰途についた。途中、奈良への電車の中で考えたのだが、坂本さんの絵は疑いもなく日本的情緒を描いたものである。だから私には底まですぐにわかるのである。

しかし、鉄斎の描いているものは支那的情緒である。そのため私には表面だけしかわからないのである。

支那的情緒のことをいうのならば、ミロのビーナスのギリシャ的情緒のこともいわなければならないだろう。

それに、日本的情緒の代表作は日本画の中にも求めておきたい。私は、明日もう一度見直そうと思った。

翌日、私はまた岡崎美術館へ行って、まずビーナス像を見た。真に大いなるギリシャを代表する偉大なる芸術品である。

よく聞く疑問であるが、これだけスケールの大きい彫刻は、ギリシャ以後ついに作れなかったのだが、それはなぜだろう。

それに対して私はこう思った。アルキメデスの発見（比重の発見）の喜びの強烈さは、彼を裸のまま街を飛んで帰らせた。この真似《まね》は、私たちにはちょっとできそうもない。同じ所にその秘密があるのだろう。

このビーナスには、私はずっと昔からなじみがある。私が三高へはいったとき、最初の自由画の時間に、木炭画に写生しようとしたのが、このビーナスの胸像であった。いざ描こうとして見ると、何ともむずかしくて、これは一体どういう顔だろうと思って何度も見直した。一学期中かかってついに描けなかったのである。

その後パリへ行って、ルーブル美術館でこの原像を見たのであるが、その時私は芥川の次の言葉を思い出した。

「ギリシャは東洋の永遠の敵である。しかしまたしても心がひかれる」

彫刻や絵でいえば、私は東洋は逆にマチスによって教えられたのである。私はパリにまる三年いたのであって、ビーナス像は着くとすぐ見たのであるが、マチス展は帰る直前に見る機会が与えられたのであった。

窓から見た景色をよく描いたところまでのマチスの絵が年代順に並べられていた。デッサンが非常に多くはさまれていた。それで私にはマチスの画風の変遷《へんせん》がよくわかった。私は大変感激してこの展覧会へ三度通った。そして数学もこんなふうにやっていけばよいのだと思った。

東洋、とくに日本のことをよく調べたのは帰国後であって、私は真先に芭蕉一門の書き残したものを調べたのである。

蕉門の俳句や連句と明治以後のものとを比較すると、非常に目につく次のような違いがある。

明治以後のものには例外なく、視覚的観点がある。しかし蕉門のものには、それのないのが一般である。

たとえば、芭蕉に、

蛸壺《たこつぼ》やはかなき夢を夏の月

という句がある。他人《ひと》はどうか知らないが、私はこの句を見るとこう思う。明石の浜に蛸壺がある（海の浅い砂地に壺をいけておくと、蛸はよいかくれ家だと思ってその中にはいっている。それを朝捕えるのである）。蛸が一匹その中にはいっている。それが私である。

上を見ると、空（水面）一面の月である。静かに波が打っているから、それがキラキラ光って、何ともいえず綺麗である。私は美しい夏の月だなあと思う。夜が明けるまでの命とも知らないで。

私は、岸辺に立っている私に帰る。夏の月は中天にあって、その柔らかな光は空も海も人の世も、暖く包みいたわっている。私は、美しい情景だなあと思う。（「俳諧《はいかい》とは浅きより深きに入り深きより浅きにもどる心の味なり」芭蕉）

さてミロのビーナスであるが、この像によって表象せられているものが「ギリシャ的情緒」というものであろう。何よりも私にわからないのは、この像にはどう見ても、冷たく人を威圧するようなところがあるが、どうしてそれを揚棄《ようき》しようとしないのだろう、ということである。芥川が「敵」という強い言葉で表現しようとしたのも、そこのところだろうと思う。

次に「近代日本美術展」へ行った。

私は日本画の部を三度繰り返して見た。そして、横山大観の「遠浦帰帆《えんぽきはん》」と、川合玉堂の「彩雨」とを選んだ。絵の寸法はともにあまり大きくない。「遠浦帰帆」は瀟湘《しょうしょう》八景の一つである。土井晩翠《ばんすい》が万里の長城をよんだ「詩」の一節に、「暮春の恨み誰《た》が為《ため》に、霞《かすみ》もむせぶ夕まぐれ」という句がある。この絵は「暮春の恨み」とでも名づけたいような詩情そのものを描こうとしているのであって、その作者の意図が充分に成功している。懐《なつ》かしきがゆえに悠久なのである。この絵は日本的「詩」の代表である。「彩雨」はそれとはすっかり趣が違う。この絵もぜひ一つ添えたいのは、「遠浦」だけでは淋しすぎるのである。

画面は一面に霖雨《りんう》で烟《けむ》っている。その奥に紅葉と常緑樹とが混りあっているのである。前景に水車と百姓家とがあって、百姓女が二人いる。はかないがゆえに美しい人の世の秋である。この作者が描こうとしているものは日本的「歌」であって、それが実にこまごまと美しく描かれている。前者が情緒の中核ならば、これは情緒そのものである。

選び終って、私は洋画の部へ行って、今一度「三牧馬」の前に立った。絵はあくまでも簡素化されていて、色調は実に美しい。それに何よりも、この絵は一頭の親馬と二頭の仔馬《こうま》とを描いているのであるが、その内部的つながりの緊密さが、自ら外形的調和となって現れて、絶妙という外はない。

私は今一度「遠浦帰帆」と「彩雨」との前に立った。私はすっかり充ち足りた気持であった。そしてこの三つの絵の印象だけを大切に抱きつつ帰途についた。

梅とか菊とかは、今ではもうすっかり日本の花になってしまっている。しかし初めは支那から来たのであって、当時は恐らく異国情緒的な所が喜ばれたのであろう。梅は奈良朝や平安朝では紅梅が、それも色の深いものが喜ばれたのである。それがいつの間にか変って、徳川時代にはもう今のように白梅が喜ばれている。よろこび方を比べてみよう。

梅の花咲ける岡辺に家居れば、乏しくもあらぬ鶯の声
灰まいて白梅うるむ垣根かな（凡兆）

日本画も初めは支那から来たのである。それが「遠浦」や「彩雨」ではもうすっか

り日本のものになり切っている。これにはやはり千年の歳月が必要だったのであろう。しかし、このくににはこういう不思議な力が働き続けているようである（芥川『神神の微笑』岩波版全集第二巻参照）。

ギリシャや西洋から取り入れた絵や彫刻も、千年経《た》てば日本化するだろう。しかしその兆《きざ》しは今既に見られるのであって、高村光太郎の「裸婦座像」や「白文鳥」（拙著「紫の火花」参照）、坂本繁二郎の「三牧馬」がそれである。私は、前者は亡《な》くなった愛妻を憶《おも》う深い悲しみの上に立って刻まれたものであり、後者は障害を持つ娘をいとおしむ長い苦しみをふんまえて描かれたものであることを、何よりも強調しておきたいのである。

私は芸術を、前の「人の世」の林冲《りんちゅう》で述べた人の向上の、実証として選んだのである。その意図の下に描き始めたのであるが、描き上げて見ると、それ以外に「日本的情緒」への関心が私の中に強く働き続けていることがわかる。

この間もこういうことがあった。前田さんがしばらくぶりで家に見えて、やがてピアノを弾いた。私は何とも知れずなつかしい気持になった。そしてなつかしさの情操は豊かな時空を内蔵しているものであることがよくわかった。最後に私は子供の時正しくこの曲で育てられたのだと思った。これは世にも美しい曲であって、西洋の古典曲を紫にたとえるならば瑠璃色《るりいろ》だといいたい感じであって、しかも渾然《こんぜん》として出来上がっている。何ですか、と聞くと「沖《おき》の永良部《えらぶ》島の子守歌です」ということであった。この曲はバリエイションを添えて売り出されているということであるが、もとのものを弾いて欲しいと思う。真に日本的情緒の人ならばこの曲は必ず「なつかしい」と思う。

シンガポールの海辺の景色を見て、突然深い「なつかしさ」にひたったことは前に述べた。ところで、追憶の情の強く動き始めるのは童心のどの時期だろう。

生まれて八ヵ月たてば人の子には、実質的には順序数がすでにわかっている、ということを、私はいつもいっている。初めてそれを知ったときのありさまを（前にどこかでかなり詳しくいったのだが、今一度）述べよう。

そのころ、奈良女子大の数学教室は八号館という独立した建物にあった。二階建てである。その下の一室を井上さんという方が借りて住んでいた。夫婦と二人の子たちと四人暮しである。その下の坊ちゃんがちょうど生まれて八ヵ月でよく奥さんに抱かれて階下の廊下で遊んでいた。私は始業のリンを振って聞かせた。

三度振ったのだが、それを聞いたときの坊ちゃんの目の色が一々違う。初めは「おや」というような目である。二度目はリンを「見る」。それまでは見えているのである。三度ふれば大変であって、あと何度でもふれといってやめない。

その二度目を聞かせたときの目の色である。「何だかよく見えない遠い音が少し見えて来て、はてこれは何だったろうと思っているような目の色」である。これが追憶であろう。

そうすると私は、生後八ヵ月のこの峠に立っているのかもしれない。それだったら私は何よりもこの峠を逆に降りなければいけない。私は日本的情緒というものがよく知りたいのであるが、それだったら、そこをふんまえて立ってはならない。立脚点くらい明《あき》らめられないものはないからである。

生まれて四、五ヵ月までの人の子はどんなふうだろう。今手近にそういう子がいないから、想像してみよう。子はすやすや眠っている。罪のない顔である。時々いかにも嬉《うれ》しそうな様子をする。もっと大きくなってからならば、夢を見ているのだろうと思うのだが、順序数もわからない子が夢を見るということはちょっと考えにくい。これは多分夢のもとである情緒の流れだけがあるのであろう。こういう時期をいい表わすには「無心」というのがよいであろう。

情緒の中核に尋ね入ろうと思えば本当はさらに遡《さかのぼ》って胎内に入り、逆にそこを出なければ不充分なのであろう。しかしそうするともうこの研究法は成立しない。仕方がないから、じかに道元禅師にそれをきくことにしよう（『正法眼蔵』岩波文庫、上巻、恁《いん》麼《も》＝恁麼とは未知数 x というくらいの意味）。

いはゆるは恁麼事をえんとおもふは、すべからくこれ恁麼人なるべし。すでにこれ恁麼人なり、なんぞ恁麼事をうれへん。この宗旨は、直趣無上菩提《じきしゅむじょうぼだい》、しばらくこれを恁麼といふ。この無上菩提の体たらくは、すなはち尽十方界《じんじっぽうかい》も無上菩提の少許なり、さらに菩提の尽界よりもあまるべし。われらも、かの尽十方界のなかにあらゆる調度なり。なににによりてか恁麼あるとしる。いはゆる身心ともに尽界にあらはれて、われにあらざるゆゑにしかありとしるなり。身すでにわたくしにあらず、いのちは光陰にうつされて、しばらくもとどめがたし。紅顔いづくへかさりにし、たづねんとするに蹤跡《しょうせき》なし。つらつら観ずるところに、往事のふたたびあふべからざるおほし。赤心もとどまらず、片片として往来す。たとひまことありといふとも、吾我のほとりにとどこほるものにはあらず。恁麼なるに無端に発心するものあり。この心おこるより、向来もてあそぶところをなげすてて、所レ未レ聞をきかんとねがひ、所レ未レ証を証せんともとむる、ひとへにわたくしの所為にあらず。しるべし、恁麼人なるゆゑにしかあるなり。なにをもてか恁麼人にてありとしる、すなはち恁麼事をえんとおもふによりて、恁麼人なりとしるなり。すでに恁麼人の面目あり、いまの恁麼事をうれふべからず。うれふるもこれ恁麼事なるがゆゑに、うれへにあらざるなり。また恁麼事の恁麼あるにも、おどろくべからず。たとひおどろきあやしまるる恁麼ありとも、さらにこれ恁麼なり、おどろくべからずといふ恁麼あるなり。これただ仏量にて量すべからず、心量にて量すべからず、法界量にて量すべからず、尽界量にて量すべからず。ただまさに既是恁麼人、何愁二恁麼事一なるべし。……

「『岡潔　日本のこころ』（日本図書センター刊）より」

こころ

自然以外に心というものがある。たいていの人はそう思っている。その心はどこにあるかというと、たいていの人は、自分とは自分の肉体とその内にある心とであると思っているらしい。口に出してそういったことを聞いたことはない。しかし無意識のうちにそう思っているとしか思えない。そうすると肉体は自然の一部だから、人はふつう心は自然のなかにある、それもばらばらに閉じこめられてある、と思っているわけである。

しかし少数ではあるが、こう思っている人たちもある。自然は心のなかに在る、それもこんなふうにである、——心の中に自然があること、なお大海に一漚《おう》の浮ぶがごとし。

このように、自然の中に心があるという仮定と、心の中に自然があるという仮定と二つあるわけであるが、これはいちおう、どちらと思っていてもよいであろう。しかし人は、自分の本体は自分の心だと思っているのが普通であるから、どちらの仮定をとるかによって、そのあとはずいぶん変ってくる。

私は十五年前ははじめの仮定を採用していた。しかしいまは後の仮定を採用している。心の中に自然があるのだとしか思えないのである。

自然のことはよくわかっているが、心のことはよくわからない。むかしの人はどうだったか知らないが、いまの人はたいていそう思っている。しかし、ほんとうに自然のことはよくわかっているだろうか。たとえば自然はほんとうに在るのであろうか。あると思っているだけなのであろうか。

現在の自然科学の体系は決して自然の存在を主張し得ない。それを簡単にみるには数学をみればよい。数学は自然数の「一」とは何であるかを知らない。ここは数学は不問に付している。数学がとりあつかうのはそのつぎの問題からである。すなわち、自然数のような性質を持ったものが在ると仮定しても矛盾は起らないであろうか。

この辺でまとめることにしようと思う。これまで書いたところを一口にいえばこうである。人はふつう、何もわかっていないのに、みなよくわかっていると思っている。

しかしこの最後の一句の意味がわかるのは何故《なぜ》であろう。私はもちろん、読む人にもわかると思うから書いているのである。これは「わかる」とか「思う」とかがわかるのである。これらはみなこころの働きである。人という言葉も使っているが、そういう働きをするこころがすなわち人なのである。デカルトは「自分は考える。故《ゆえ》に、自分というものはあるのだ」といっている。そうするとやはりこころが先であって、こころの中に自然があるのである。実際はそうしていながら、その反対を仮定しているのである。これを押しとおすと全体が仮定になってしまうだろう。

いくら書きつづけても、結局「自分は何もわからない」ということを書くだけである。では、その自分とは何であろう。これまで書いてきた心の働きの中で、全体をしめくくっている字をさがし出してみよう。これはわけなくできる。「思う」というのがそれである。こころのこの働きを、ギリシャ人にしたがって分類すれば「情」である。人の主体は情らしい。私はそう思ったから、この情を精密に見ようとして「情緒」という言葉を作ったのである。この言葉は前からあるが、内容はそれとはだいぶちがう。そしてこの情緒をもとにして全体を見直そうとしているのである。そのためまず、情緒についてくわしく説明した（173頁からの「情緒」参照）。

私にはすべては「そうであるか、そうでないか」の問題ではなく「それで心が安定して心の喜びも感じられるかどうか」の問題なのだと思う。宗教的方法を許容しないかぎり、それより仕方がないのではなかろうか。

〔『岡潔集』第三巻より〕

情緒

『春宵十話』でとりあえずお話したことを詳しくご説明しておきたいと思うのであるが、それには非常な難関がある。「情緒」を説くことがそれである。これについて私には自信はとうていないのだが、それをしなければ、私が本当に言いたいことは何一つ言えないことになってしまいそうであるから、押切って出来るだけやってみることにした。

1

芭蕉も漱石も滝を句によんでいる。ちょっと比べてみよう。

ほろ〳〵と山吹ちるか滝の音　芭蕉

荒滝や満山の若葉皆な振ふ　漱石

芭蕉の句はちょっと武陵桃源《ぶりょうとうげん》という気がしますね。これは情緒の調和である。これに対し漱石の句は、帖木児《チムール》北征の巷説《こうせつ》に大明国が震憾《しんかん》したことを連想するでしょう。これは物質の運動である。芥川（龍之介）は私に芭蕉の句の「しらべ」を教えてくれた（『芭蕉雑記』『続芭蕉雑記』、岩波版全集、第六巻）。その芥川さえこう言っている、「だが芭蕉の奥に何があるのだろう」しかし私は、芭蕉の奥に入ってこそ「創造」というものがわかってくると思っているのである。情緒という大河を越えなければそこへは行けない。

私はこころと言うと、何だか色彩が感じられないように思ったから、「情緒」という言葉を選んだのである。「春の愁《うれ》ひの極りて春の鳥こそ音にも鳴け」と佐藤春夫は歌っているが（編注：正確には佐藤の訳詩『車塵集《しゃじんしゅう》』である）、何もこれだけがそうではなく、情緒は広く知、情、意及び感覚の各分野にわたって分布していると見ているのである（この言葉の内容をそう規定しているのである）。

私たちは明治以後、西欧の文化を取入れて大体その中に住んでいる。それからわずか百年位にしかならないのに、私たちはそれまで長い間絶えず身近に感じてきたものを、もうほとんど忘れてしまったようにみえる。

こんなことがあった。去年の十二月初めのある朝、私は四、五十分かかる電車の中にいた。そしてこんな問題を考え続けていた。キーパンチャーには普通若い女性がなるが、よく自殺をする。キーをたたくことがなぜ自殺したくなる原因になるのだろう。全く不思議である。しかも、この問題は非常に重要である。なぜなら近ごろの教育はだんだんキーをたたくことに似てきているし、社会人の生活もそうであるから。

しかしどうもわからない。大体、生きるとはどういうことだろうか、と思った。小学校の先生はどういう例を使って生きるという字を教えているのだろう。「みみずが生きている」──これは物質の運動である。「生命保険」──これは肉体という物質にかけた保険である。「生物」──これは複雑な物質が複雑な変化をするということである。すべて物質現象であって、生きるという字を使わなくても言いあらわすことができる。では、生きるという字はいらないのだろうか。

この辺まで考えてきたとき、ふと窓外に目をやると、満目ただ冬枯れている中に、緑の大根畑だけが生きていた。知らず知らず、今日の小学校の先生になってしまっていた私は、ハッと平生の私に返って、アッこれだと思った。この緑の大根畑は「情緒」である。「頬が生き生きしている」「日々生き甲斐《がい》を感じる」――みな情緒が生きているのである。

電車はそのうちに山茶花《さざんか》の木でおおわれている小さな墓の前を通った。見慣れた墓である。山茶花はもう残っていなかった。私はふと、丈草《じょうそう》か誰かの「陽炎《かげろう》や塚より外に住むばかり」という句を思い出した。自分の言うことを誰もわかってくれないが、もし親が生きていたら、というようなことがよくあるだろう。「わかる」とはどういうことだろう。考えはこの新しい問題に移って行った。初めの問題とごく近いという気のする問題である。

また小学校に返るが、先生が山とか川とか木とかを教えるとき、例をもって教える。児童のこのわかり方は、「感覚的にわかる」のである。「形式的にわかる」と言ってもよい。もう少し深くわかるのは、意味がわかるのである。これを「理解する」という。しかしここにとどまったのでは、いろいろの点で不十分である。まず知的に言って、進んで「意義」がわかるまで行かなければいけない。でないと、えてして猿の人真似になってしまう。意義がわかるとは全体の中における個の位置がわかるのである。だから、全体がわからなければ何一つ本当にはわからない。このわかり方は言わば心の鏡に映るのである。

しかし、今言おうと思っているのはそれではない。たとえば他の悲しみだが、これが本当にわかったら、自分も悲しくなるというのでなければいけない。一口に悲しみといっても、それにはいろいろな色どりのものがある。それがわかるためには、自分も悲しくならなければ駄目である。他の悲しみを理解した程度で同情的行為をすると、かえってその人を怒らせてしまうことが多い。軽蔑《けいべつ》されたように感じるのである。

これに反して、他の悲しみを自分の悲しみとするというわかり方でわかると、単にそういう人がいるということを知っただけで、その人には慰めともなれば、励ましともなる。このわかり方を道元禅師は「体取《たいしゅ》」と言っている。ある一系のものをすべて体取することを、「体得」すると言うのである。

理解は自他対立的にわかるのであるが、体取は自分がそのものとなることによって、そのものがわかるのである。道元禅師は、

聞《きく》ままにまた心なき身にしあらばおのれなりけり軒の玉水

と言っている。

人の上にはこういうことをする智力が働いている。古人(明治までの人)はこれを真智と言った。前にのべた意義までわかるのも、今言った体取も、皆この真智の働きである。前のような働きを大円鏡智《だいえんきょうち》、今言ったようなものを妙観察智《みょうかんざっち》と古人は名づけている。

私には孫が二人ある。二人とも長女の子である。上は十一月生れで六つ(年はすべて数え年である)、下は二月生れで二つである。以前は私の家にいたが、今は二時間半ほどの距離にいる。それで私には、彼らが内面的にどう生いたってゆくかを正確に描写することはできないが、上の孫はもうカジを取ってやらなければならない時期なので、両親がそれを巧《うま》くやっているかどうかを時々見にゆくことはできる。数日前にも一度行ってきた。その孫はこの四月から幼稚園へ行っているので、私はその様子を見に行った。その時の話である。

園長さんは真言宗の尼さんで、本尊さまは観音さまである。その尼さんは朝は観音経を、夜は般若理趣経《はんにゃりしゅきょう》を上げておられる。それを聞いたので私はこう言った。「小さな子に花の美しさがよくわからないのは、頭の、美しさのわかる部分がまだよく発育していないためではなく、心をその花に注ぐ力が弱いからである。心を花に集めることができさえすれば、大自然の真智はその心の上に働いて、その子にはその花の美しいことがわかるのです」（大自然というのは言わば奥行を持った自然というくらいの意味である。だから普通言う自然は、この大自然の上面《うわつら》ということになる）。

するとその尼さんはすぐにわかって、次のような面白い例を聞かせてくださった。幼稚園の子供たちにはまだ花の美しいことはわからない。しかし一人だけわかる子がいる。その子はよく私になついていて、私が花を植えるとそれを手伝う。花がつぼみをつけて少し色が見えてくると、すぐに見つけ、大騒ぎをして知らせにくる。花が美しいこともよくわかっているのである。しかし、ここへは時々娘さんたちがお花を習いにくるが、その人たちには花の美しさはわからない。

一九二九年から一九三二年まで私はフランスにいた。その間に、私は次のような「不思議」に目覚めた。俳句はわずか十七字の短詩である。自分の句の「評価」をどうしてするのだろう。今日非常によく出来たと思っても、翌日には、昨日のはあれは気のせいだったと思うかもしれない。むしろ今日の喜びが大きければ大きいほど、反動として、翌日はそれを強く否定してしまいたくなるだろう。

ところで芭蕉は本当によい句というものは、十句あれば名人、二句もあればよい方である、という意味のことを言っている。こんな頼りないものの、わずか二句ぐらいを得ることを目標にして生きてゆくというのは、どういうことだろう。にもかかわらず、芭蕉の一門は全生涯をこの道にかけたようにみえる。どうしてそのような、たとえば薄氷の上に全体重を託するようなことができたのだろう。この問題は在仏中には解決できなかった。帰ってからよく調べているうちに、だんだんわかってきたのであるが、その要点をお話しよう。

「価値判断」が古人と明治以後の私たちとで百八十度違うのである。一、二例をあげると、古人のものは、

「四季それぞれよい」「時雨《しぐれ》のよさがよくわかる」

である。これに対応する私たちのものは、

「夏は愉快だが冬は陰惨である」「青い空は美しい」

である。特性を一、二あげると、私たちの評価法は、他を悪いとしなければ一つをよいとできない。刺激をだんだん強くしてゆかなければ、同じ印象を受けない。こんなふうである。これに対し古人の価値判断は、それぞれみなよい。種類が多ければ多いほど、どれもみなますますよい。聞けば聞くほど、だんだん時雨のよさがよくわかってきて、深さに限りがない。こういったふうである。芭蕉一門はこの古人の評価法に全生涯をかけていたのであった。

この古人的評価の対象となり得るものが情緒なのである。

人は四次元的存在であって、三次元的断片だけを見たのではわからない。

2

学校の私の部屋（二階）の前に楠の一叢《ひとむら》がある。毎年夏になると、天気のよい日には碧条揚羽《あおすじあげは》が群れ遊ぶのを例としている。今も五、六匹は来ている。それが葉の緑と映えあって実にきれいである。しかし、こんなに碧条揚羽をうれしいと思うのは私だけであって、他の人にはそれほどではないであろう。

私は小学五年のとき（当時私は打出《うちで》という大阪と神戸との中間ぐらいの海岸に住んで、大阪の市内の小学校に通っていたのだが）、六月ごろのある日曜に箕面《みのお》へ昆虫採集に行って、この蝶《ちょう》を見て、一日中追回したのだが、とうとう採れなかった。私は六年から郷里和歌山県の小学校にかわった。家は大阪府との境の紀見峠という峠の上にあった。私はすぐ蝶の採集を始めた。梅雨明けの日、早速山の畑へ行ってみようと思った。かなり長い細い山の道を通って行くのだが、両側の木々はすっかり茂ってしまって、重なり合って、まるで木の葉のトンネルの中を行くようなものである。何という木か、ところどころに白い花をつけている。まだ若々しい木の葉の香りと、その花かどうか花の香りとが混って、一面に甘い匂《にお》いがたちこめている。ところどころ、すいて見える空には一文字蝶がゆっくりと飛んでいる。この蝶はもう十分あるからいらない。私の足音に驚くのか、それとも私が木の枝にでもふれるためか、ときどきいろいろな蛾《が》が飛立つ。上羽根が真白で、下羽根が真赤な大きなのもいた。しかし私は蛾は一切採らないことにしている。

そのうちに道が尽きて畑へ出た。カラッと視野が開ける。畑の端に櫟《くぬぎ》が植えてある。この櫟が目当てだったのである。かねて見当をつけておいた一本のところに来てみると、見たこともない大きな蝶が羽根を合わせて止っている。私はハッと息をつめた。じっと見ていると、おもむろに羽根を開いてまた閉じた。何という美しい紫色だろう。私は言いようのない喜びに打たれた。これが大紫である。

碧条揚羽は峠の上には来ない。長い坂道を大阪府の側に下りると、杉の多い村があって、小流れも多い。碧条揚羽は、杉山の陰の小流れの杉の葉の散りしいた上に止って、その汁を吸っているのである(私はそう思った)。この蝶は櫟の幹の爛《ただ》れに来る蝶よりははるかに敏感である。飛翔力《ひしょうりょく》は、大紫はずいぶん強く、広い谷を一気に渡って消えてしまうが、この蝶のは非常に鋭く、急上昇して急角度にそそり立つ高い杉山を軽々と越え、隣の小流れへ降りるのである。なかなか捕捉《ほそく》できなくて、私は幾度か長い坂道を下ったものであった。

この二つの蝶は私には甲乙なく美しいのである。秋の嵐《あらし》の翌日、私はこの辺では全く見掛けない美しい蝶を二種類もとった。私は中学校の入学試験に落ちたので、もう一度蝶の採集を繰返した。その碧条揚羽なのである。今、前の楠叢に群れ遊んでいるのは。

私は祖父にその唯一《ゆいいつ》の戒律「他を先にし、自分を後にせよ」を徹底的に守らされたことをしばしばのべたが、父のことは余り話さなかった。しかし実際は、父は私に至れり尽せりの教育を施したのであった。だがここに一つだけ、私にも近ごろまでよくわからなかった教育法がある。

父は私の三高以前の教科書、雑誌、童話集、作文、絵等をみな屑屋《くずや》に売ってしまったのである。あなた方もこのやり方についてよく考えていただきたいと思う。私はかつては佐藤春夫の「過ぎ去った幸福の家」という考え方にすっかり同感して、本当に「どの停留所からどんな電車に乗ればそこへ行けるか」と真剣に（これは冗談ではないのですよ、私はそういうたちの科学者なのです）その方法を探索したこともあった。

ここで将棋の二上（達也）さんの話をきいてみよう（「棋譜も雑然、洋服箱に」、朝日新聞、わが家の茶の間、一九六三・六・三〇）。かいつまんで言うと、こうである。二上さんは新聞に出た自分の棋譜をみな整理するつもりでスタートした。ところが実際やってみると、勝った棋譜はよいが、負けたものは見るのもいやである。それで結局、洋服箱にみな放りこんでしまうことになると言うのである。そう言ったものだろうなあ、と私は今さらのようにしみじみ思った。

サン・テグジュペリの童話で、星の王子さまがその友人に羊の絵をかいてくれとせがむところがある(『星の王子さま』、岩波少年文庫)。描く羊も描く羊も、よぼよぼだったり、角が生えていたり、病気だったりして王子さまのお気に入らない。とうとう面倒臭くなったその友人は、箱に入った羊を外側から描いた。もちろん見た目には空気穴のあいている箱としか見えない。ところが王子さまはすっかり喜んで、こんなのが欲しかったんだよ、と言った。

もうあなた方に十分考えていただけたと思うから、父の教育法がどんなに私によかったかを具体的にお話しよう。父が私のために作ってくれた無形の箱の蓋《ふた》を開けて二、三のものを取出してみよう。

まず「春宵」の二字がある。前に言ったように私は中学校の入学試験に落第した。そのころ雑誌は『少年世界』をとってもらっていたのであるが、その四月号の扉に中学生の制服を初めて着た少年が立っていて、うしろに春の月がカサをきていた。そして千金の子と春の宵と書いてあった。別に色彩はつけてなかったが、その情景が私には非常にきらびやかなものに見えた。そしてこんなになれたらどんなによいだろうとあこがれたり、私には果してそんな日が来るのだろうかと危ぶんだりした。五十年後、毎日新聞に十話を書くことになって、その上に二字置いてくれと言われたとき、私は即座にこの春宵を選んだのである。

また次のような歌がある。「みちを挟んで畑一面に、麦は穂が出る菜は花盛り、眠る蝶々飛び立つ雲雀《ひばり》、吹くや春風袂《たもと》も軽く。……」（文部省唱歌、いなかの四季）。私にとってはこれ以上美しい歌はないのである（私はものを「歌」と「詩」とに分けている。ともによいものであるが、たとえば芥川の作品の中にはそのまま詩であるものが相当ある。『春夫詩鈔《ししょう》』（岩波文庫）は美しい歌である。漱石の『明暗』も、井上靖の『敦煌《とんこう》』も詩である。ゴッホの絵にはほとんど例外なく詩がある。大観の「瀟湘《しょうしょう》八景」には歌も詩もある）。

さらに底には『幼年画報』の表紙の紫苑《しおん》や葉鶏頭《はげいとう》がある。私は十年間京都に住んだのであるが、秋ごとに岡崎の美術館の片隅に燃えるように咲いたのは、実にこの葉鶏頭であった。またこれで十年間奈良に住んでいるが、毎年板塀の上から美しくのぞいて秋が来たことを知らせてくれるのは、この紫苑である。

これでもう、私の言いたいことは大体おわかり願えたと思うが、何しろ最も枢要《すうよう》な点であると思うから、私の場合の例を今一つのべて、十分念を押しておきたいと思う。一九二九年の晩春、私はパリの南の門ポルト・ドルレアンにある学生都市の薩摩《さつま》会館の三階に、友人の物理の中谷宇吉郎さんと、廊下をへだてた筋向いの部屋に住んでいた。私の部屋の窓からはパリの郊外がよく見えた。「のいばら」が咲いていた。そのとき中谷さんは私にこう教えた。「岡さん、数学について書いたことはみな日付を入れて残しておきなさい」。私はその時以来、今に至るまでこのことを実行している。今後も続けるつもりである。

大体リポーティング・ペーパーで二年間に二千ページほど書く。それを大体フランス語で二十ページほどの論文にして発表しているのである。ところで論文を書いてしまった後のものだが、これをためておいても決して見ようとしないのだから、結局狭い家をなお狭くするだけである。それで一年ほど前、風呂を焚《た》くのに使ってしまった（ある知人にこのことを言うと、今後は自分にくれと言うから、そうすることに約束した。しかし何にするのだろう）。

これはたとえば写真のネガチブのようなもので、何もわからない間は非常に丁寧に書いてあるし、少しわかってきて結果らしいものが出始めてからは、書かないでもよくわかっているものだから、面倒がってほとんど書いていない。論文を書上げるまではこれで十分よくわかっているのだが、書上げてしまってしばらくたつと、読み直してみても、私にも何のことだか少しもわからない。こういう代物《しろもの》なのである。燃やしてしまうと一番完全なのだが、何もそうまでしなくても、これも私にとって無形の箱なのである。だからこそ、森羅万象《しんらばんしょう》がここにあるのであって、私は行こうと思えばいつでもそこへ行って住めるのである。

こう言った行き方の究極を、道元禅師は『正法眼蔵』で示してくださっている。

(岩波文庫、上、二九、恁麼《いんも》)

……直趣無上菩提《じきしゅむじょうぼだい》、しばらくこれを恁麼といふ(恁麼とは未知数 x というくらいの意味)。この無上菩提の体たらくは、すなはち尽十方界《じんじっぽうかい》も無上菩提の少許なり、さらに菩提の尽界よりもあまるべし。われらも、かの尽十方界のなかにあらゆる調度なり。なにによりてか恁麼あるとしる。いはゆる身心ともに尽界にあらはれて、われにあらざるゆゑにしかありとしるなり。身すでにわたくしにあらず、いのちは光陰にうつされて、しばらくもとどめがたし。紅顔いづくへかさりにし、たづねんとするに蹤跡《しょうせき》なし。つらつら観ずるところに、往事のふたたびあふべからざるおほし。赤心もとどまらず、片片として往来す。たとひまことありといふとも、吾我のほとりにとどこほるものにはあらず。恁麼なるに無端に発心するものあり。この心おこるより、向来もてあそぶところをなげすてて、所ㇾ未ㇾ聞をきかんとねがひ、所ㇾ未ㇾ証を証せんともとむる、ひとへにわたくしの所為にあらず。しるべし、恁麼人なるゆゑにしかあるなり。（傍点筆者）

3

これで「情緒」とはどういうものかおわかりくださったと思います。私たちが緑陰をみているとき、私たちはめいめいそこに一つの自分の情緒を見ているのです。せせらぎを見ているときも、「爪《つめ》を立てたような春の月」をみているときも、皆そうなのです。だから他のこころがわかるためにも、自分のこころがわかるためにも、「情緒」がよくわかると非常によいのである。ではそれにはどうすればよいだろうか。情緒の調和は分けられないから、この問題に対しても、やはり私に対してはどうであったかから入るのがよいと思う。

前にのべた父の作ってくれた無形の箱の中には、ずいぶん大切なものがある。何よりも国語、それから歴史。これらの価値はどれほど重くみても見過ぎることはないであろう。その後にあっては、何と言っても文学であろう。国語、国文学は歴史とともに国民の情緒の背骨を作るものである。これを軽んじては、国民はみな海月《くらげ》のように骨抜きになってしまうだろう。

道元禅師曰《いわ》く「いかなるか過去心不可得《しんふかとく》といはば、生死去来といふべし。いかなるか現在心不可得といはば、生死去来といふべし。いかなるか未来心不可得といはば、生死去来といふべし」(『正法眼蔵』上、一九、心不可得)。

七月のある日、私は遠来の友人と二人で法隆寺を訪ねた。夢殿にしずかに雨が降っている。じっと思いにひたっていると、だんだん「籠《こも》りていますが如《ごと》く」思えてくる。

中宮寺の如意輪《にょいりん》観音は深く思いを凝《こ》らしていられるがごとくである。傍らの天寿国《てんじゅこく》曼荼羅《まんだら》を見る。太子がお若くておなくなりになったとき、御妃橘《たちばな》の大郎女《おおいらつめ》は大変お嘆きになり、推古天皇にお願いして百済《くだら》の絵師に下絵を描かせ、宮中の采女《うねめ》たちに命じて刺繍《ししゅう》させ、あかず眺めておられたのがこの曼荼羅であって、天寿国というのは太子の今おいでになる所だという。今は刺繍が剝落《はくらく》して下絵の出ているものの方が多い。染料は色々な名の植物、蓮《はす》はエジプトのもの、花模様はペルシャのものだろうと友人は説明してくれた。色も変っていることであろう。大郎女のながめ入っておられた真新しいころは、童話の世界のようであっただろうと想像される。法隆寺を出て前の茶屋で昼食をとった。私の思いは天寿国から離れなかった。

薬師寺に聖観音菩薩《しょうかんのんぼさつ》を見奉《みたてまつ》った。東塔は大きさといい、全く素晴しい。法隆寺の塔は引締っていて男性的であるが、ここの塔はふっくらしていて女性的である。ともに美しい。

秋篠寺《あきしのでら》を訪ねた。伎芸天《ぎげいてん》は今日の私の気持にはそぐわなかったが、案内して下さった住職の息子さんがサン・テグジュペリの『星の王子さま』の愛読者であることはうれしかった。私たちは住職にお茶をご馳走《ちそう》になった。ふと目をやると、まだ降りつづいている雨の中に、一昨年の台風の痛手のまだ癒《い》えない林があって、その下に「夏草」が茂っていた。私はまだ天寿国の曼荼羅を思いつづけていたらしい。あれから千数百年、今では（太子のみこ）山城王の墓のありかさえ定かでないという。私は「王の墓」を尋ね出そうと決心した（草のないときがよいだろう）。

王の墓梅探り尋ねあてばやな
淡海《おうみ》の海《み》夕波千鳥汝が鳴けば心もしのにいにしへ思ほゆ（人麿《ひとまろ》）
雲映す緑の風や平城趾

4

ところでこの情緒に対し、日本には独得なものがある。連句がそれである。

一九三六年の秋、私と中谷宇吉郎さんとは伊豆《いず》の伊東にいた。二人とも少し疲れたからしばらく休養するためである。そのとき、中谷さんの先生の寺田（寅彦）先生のおすすめにしたがって（と言っても、先生はもうおられなかった。私たちは先生の随筆集『蒸発皿』で読んだのであるが）、連句をしてみようということになった。

準備が大変である。私たちは寺田連句論を知っているだけで、連句そのものは見たことがない。俳句も、私は一句も作ったことがないし、中谷さんも厳密に言えばそうなると思う。それから寺田理論によると、西洋音楽も少しは知っていなければならないことになっているが、これについても、私たちは中合せたように少しも知らない。こういう状態において連句をしようと思い立つのが、私たちの私たちたる所以《ゆえん》であって、やってみなければわからないと思い込んでいるのである。この点については私たちは全く同じ意見なのである。

連句は『芭蕉連句集』（小宮豊隆編、岩波文庫）に外篇十、内篇六十九、計七十九収められている。これについては後に少し説明する。俳句は私は大急ぎで内容のない形式だけのものを二、三十作ってみた。中身がないのだからもちろん俳句とは言えない。連句の形式はともかくまず、長短合わせて三十六句からなる歌仙形式のものにしようということになって、「試みに蕉風に倣《なら》ふ」という前書きだけはできたが、細かい規定は知らないから、小宮さんに問合せの手紙を出した。

西洋音楽が大変である。幸い、奥さんがご結婚のときに大切に持って来られたベートーベンのスプリング・ソナタがある。レコード五枚裏表である。ほかに何もないから、私たちはそれを繰返し繰返しかけて奥さんに説明を聞いた。そしてどうにか次の言葉の意味がわかった。「アダジオ（仇汐）、アンダンテ、アレグロ、ロンド、スケルツォ」。

さて連句であるが、多分幸田露伴の『猿蓑《さるみの》』の注釈だったかと思うが、ちょうどあったからそれを聞いた。どうも十分には腑《ふ》に落ちないが、ともかくそんなものかなあと思った。どう思ったのかは忘れてしまった。『芭蕉遺語集』（改造文庫）も見た。この方は大分よくわかった。今ここにあるのは『去来抄・三冊子《さんぞうし》・旅寝論』（岩波文庫）である。大体同じと思うから、『去来抄』から少しあげよう。

にっと朝日に迎ふよこ雲

青みたる松より花の咲こぼれ　去来

ちょっと見ただけで奇麗だなあとわかる。感覚的情緒の調和である。

赤人の名は付れたり初霞《はつがすみ》　史邦

鳥も囀《さえず》る合点なるべし　去来

芭蕉は「移り」と言い「匂い」と言いまことによく出来たとほめたという。感覚、知情意のすべてにわたる情緒の調和であって、複雑な交渉が感じられるのももっともである。

くれ縁《えん》に銀土器《ぎんかわらけ》を打砕き

身ほそき太刀の反る方を見よ

芭蕉は打てば響くが好《よ》しと言ったという。このつけ方を「響き」と言うのである。これは意志的情緒の調和である。

草庵に暫《しばら》く居ては打やぶり

いのち嬉《うれ》しき撰集のさた

このつけ方を、「俤《おもかげ》」と言う。じかに西行《さいぎょう》等の名を出さなかったところを言うのである。意志的情緒と情的情緒との調和である。

『三冊子』から。

人声の沖には何を呼《よぶ》やらん
　鼠《ねずみ》は船をきしるあかつき　　芭蕉

芭蕉が許六（だったかと思う）にこれを語ったとき、許六が暁の字を大いにほめた。芭蕉は自分の苦心を認めてくれる人がいたことを非常によろこんで、こう言ったという。自分がこの句を言い出したとき、一座はただ茫然《ぼうぜん》として「是非善悪の差別もなく、鮒《ふな》の泥に酔たる如く」だった、と。これは意志的情緒と感覚的情緒との調和であって、しかも感覚をあらわすものが「暁」だけで、しかも前句に「沖に」と位置が示されているから、「其《そ》の重きこと磐石《ばんじゃく》の如し」なのである。こう見ればこのことはほとんど自明であろう。

桐《きり》の木高く月さゆる也《なり》
　門しめてだまつて寝たる面白さ

芭蕉は「すみ俵は門しめての一句に腹をするゑたり」と言っている。これは感覚的情緒を意志的情緒でどっしりと受けとめたのであって、その効果はもどって初めの句の上に働いて、桐の木高く、今度は本当に月がさえ渡っている。奇麗な月ですね。

このように連句は情緒という視角から見ると実によくわかる。逆も言える。『三冊子』から連句以外のものも少しとっておこう。

春雨はをやみなく、いつまでもふりつゞくやうにする、三月をいふ。二月末よりも用る也。正月、二月はじめを春の雨と也。五月を五月雨《さみだれ》と云、晴間なきやうに云もの也。六月夕立、七月にもかゝるべし。九月露時雨也。十月時雨、其後を雪、みぞれなどいひ来る也。急雨は三四月、七八月の間に有こゝろえ也。

奇麗な情緒の流れを見るようですね、そうお感じにはなりませんか。

夕さりの事、さり〳〵て夕の間を云。冬さり、秋さり、みな初の秋冬にはいひがたき詞《ことば》也といへり。夕まぐれといふ事、間は休め字也。暮てたそがれ迄《まで》の間をいふ。しばしの間、人の見ゆるか見えざるかの程をたそがれといふ。誰かれといふ義理也。むかしは人倫にする。いまはそのさたなし。

何だか夢の中の情緒の色どりのようなものを感じて、変になつかしい気持になるでしょう。

侘《わび》と云は、至極也。理に尽たる物也と云。

情意的情緒の一つの色どりですね。

繰返して言うが、連句は「情緒の調和」とみるとよくわかる。そしてその中核は実に道元禅師の「直趣《じきしゅ》」である(サン・テグジュペリの「ものそのもの、ことそのこと」という言葉はその方向のものである)。もっとも、当時はまだはっきり自覚しているわけではなかった。

連句の一例を芭蕉一門の代表作といわれる『猿蓑』(『芭蕉連句集』、岩波文庫)にとる。

市中は物のにほひや夏の月　　凡兆
あつし〳〵と門〳〵の声　　芭蕉
二番草取りも果さず穂に出て　　去来
灰うちたゝくうるめ一枚　　兆

此筋《このすじ》は銀も見しらず不自由さよ　蕉
　ただどびやうしに長き脇指《わきざし》　来
草村に蛙こはがる夕まぐれ　兆
　蕗《ふき》の芽とりに行燈《あんど》ゆりけす　蕉
道心のおこりは花のつぼむ時　来
　能登の七尾の冬は住うき　兆
魚《うお》の骨しはぶる迄《まで》の老を見て　蕉
　待人入し小御門の鎰《かぎ》　来
立かゝり屏風《びょうぶ》を倒す女子共　兆
　湯殿は竹の簀子《すのこ》侘《わび》しき　蕉
茴香《ういきょう》の実を吹落す夕嵐　来
　僧やゝさむく寺にかへるか　兆
さる引の猿と世を経る秋の月　蕉
　年に一斗の地子はかる也　来
五六本生木つけたる潴《みずたまり》　兆
　足袋ふみよごす黒ぼこの道　蕉

追たて、早き御馬の刀持　来
　でつちが荷《にな》ふ水こぼしたり　兆
戸障子もむしろがこひの売屋敷　蕉
　てんじやうまもりいつか色づく　来
こそ〳〵と草鞋《わらじ》を作る月夜さし　兆
　蚤《のみ》をふるひに起し初秋　蕉
そのまゝにころび落たる升落《ますおとし》　来
　ゆがみて蓋のあはぬ半櫃《はんびつ》　兆
草庵に暫く居ては打やぶり　蕉
　いのち嬉しき撰集のさた　来
さま〴〵に品かはりたる恋をして　兆
　浮世の果は皆小町《こまち》なり　蕉
なに故《ゆえ》ぞ粥《かゆ》すゝるにも涙ぐみ　来
　御留主《おるす》となれば広き板敷　兆
手のひらに虱這《しらみは》はする花のかげ　蕉
　かすみうごかぬ昼のねむたさ　来

この中からところどころ一対をとり出してよく見てみよう。

「市中は物のにほひや夏の月
　あつし〳〵と門〳〵の声（蕉）」

大体、意志的情緒である。庶民の生活が目に見えるような気がして、ちょっと久隅《くすみ》守景《もりかげ》の名画『夕顔棚』を思うでしょう。

「草村に蛙こはがる夕まぐれ
　蕗の芽とりに行燈ゆりけす（蕉）」

情意的情緒の調和である。かもす雰囲気は非常になまめかしいものであって、若い日の芭蕉を思わしめるものがあるが、よく浄化されている。

「僧やゝさむく寺にかへるか

「さる引の猿と世を経る秋の月（蕉）」

芭蕉は洛北《らくほく》紫野大徳寺のふすま絵を思い出して詠《よ》んだのでしょうね。しかし月が奇麗に澄んでいる。情意的情緒と感覚的情緒との調和である。

「こそ〳〵と草鞋を作る月夜さし
蚤をふるひに起し初秋（蕉）」

これもまた奇麗な月夜の情景ですね。月の美しい感覚によって一句の情意がよく結ばれている。一幅の名画である。

「手のひらに虱這はする花のかげ
かすみうごかぬ昼のねむたさ」

ときわの春ののどかさでしょう。

これが古今の名作の一つ「市中」である。

こうして私たちは、どうにか準備ができたから始めた。中谷さんは去来をもじって、雷の研究をしていたから「虚雷」と自分でつけた。私は「海牛」とつけてもらった。私は丑年《うしどし》の生れだからで、何でも海牛というのは海の動物で、別に害はないのだが、何だか薄気味が悪いから人は触らないのだという。私は聞いていて「余りよい名ではないな」と思ったが、うっかり口に出して言うと、「では自分でつけなさい」と言われては困ったことになる。まあ無害ならばよかろうと思って黙認することにした。そして三十六句よみ上げて小宮さんに送った。奥さんは非常に巧くできたから作曲すると言っていた。どこかに保存してあるはずだが捜し出せない。記憶をたぐってみると、十三句も忘れてしまっていて二十三句しか出てこない。あれからまだ三十年位しかならないのに、人の記憶というものは、と言っても私だけかも知れないが、駄目なものである。やはり印象でなければ役に立たない。それで始めと終りとだけ書いておく。

秋晴れに並んで乾く鰺《あじ》と烏賊《いか》　虚雷
　蓼《たで》も色づく溝のせゝらぎ　海牛
夜毎《よごと》引く間取りをかしく秋更《ふ》けて　牛

さて目覚むれば烟草《たばこ》値上がる　雷

私は構想を建直し建直しして数学の研究をして、とうとう疲れてしまったのであって、その努力感の記憶をそのまま三句目に型にとって一巻の趣向をきめた。中谷さんはそれをよく知っていて、この句は岡さんでなければ詠めない句だと口では言いながら、四句目でこのように肩すかしをしてしまったのである。私はすっかり戸惑ってしまって、次の句が付けられなくて苦心惨憺《さんたん》した。今、どうしてもこの五句目が思い出せないのである。こう言うものである。これは努力感の記憶であって、純粋直感の印象ではないからである。終りを言うと、

青空を富士つき抜けて今朝の秋　雷
日数も夢の命うれしく　牛
大事そに手に受けてみる初霰《はつあられ》　牛
綿入れ羽織縫ひ反す夜　雷
そつと出て障子に蒼《あお》き冬の月　雷
湯殿はうつる影の黒猫　牛

花片《はなびら》も八幡宮の常夜燈　牛
衣《きぬ》ひるがへし油さす人　雷

私が帰ったあと、当時北大の数学の教授だった吉田洋一さんが伊東に来て、残っていた中谷さんと連句した。始りはこうである（吉田さんのペンネームは忘れてしまった）。

行く春や旅には軽き衣《ころも》かな　虚雷
日はうらうらと麦をふむ人　洋一

吉田さんはこの付《つけ》をしているうちにすっかり感興が乗って、連句というものは面白いものだなあと思ったという。ところが出来上がって小宮さんに送ると、「麦をふむ人」を「麦の黒土」と直してあった。これはまるで「紀元節」と高く澄んでいるのを「建国祭」と重苦しくされてしまうようなもので、少しもうららとしない（なお、建国祭と言えば歴史だろうが、紀元節といえば伝説である。歴史は時として真偽不明でさえあるが、伝説は民族の血潮の中に脈々と伝わっているのである）。

吉田さんは大不平で、「貴兄もさぞかしご同感と思うが」に始る手紙を私によこした。それで私の不平も少し披露すると、「蓼も色づく」を叱《しか》られたが、「友情の感謝」は口には出しにくいものである。それにこの句を心なしと言うなら、「さて目覚むればʼ」の方もそう言わねばならないだろう。それから三句目を『猿蓑』の「書きなぐる墨絵をかしく秋暮れて」に似ていると言うのだが、内容が全く違っていることはお気付きにならないとみえる。それにこれは三句目ではないのである。もっとも小宮さんもお忙しかったのであろう。しかし、おかげで奥さんは作曲しては下さらなかった。

寺田先生は歌仙形式以外にいろいろな形式を試みておられる。拾いあげてみよう。「三つ物、二枚折、二つ折、二枚屛風、ＴＯＲＳＯ、片々」まだ他にも形式があったように思うのだが（寺田寅彦全集、第十二巻、岩波書店）。

私はもっと簡単な形式の連句を一つ提案したいと思う。それは「廻し連句」とでもいうべきもので、かりに賛成者が全国に十一人（奇数）あるとすると、順序だけきめておいて、一首ずつよみ添えて四回ほどまわすのである。何の制限もおかないのである。もちろん、上手下手なんか、かまわない。人数さえできればすぐにでも始めたいと思っている。

情緒がよくわかってくるとどういうよいことがあるのかという問いに対しては、いずれ順を追うて答えていくつもりである。始めに言った通り、それらを詳しくお話したいから、まず「情緒」そのものを、説明することの難しさを押切って、正面からお話したのであった。もう情緒があるなどと思うのは気のせいにすぎないなどと言う人はないと思う。

情緒がよくわかるように教育するとどういう利益があるかを、一つだけここで言っておこう。情緒がよく見えるようになると、自分の今の心の色どりがすぐにわかるから、いやな心はすぐ除き捨てるようになる。これは実に「念の異を覚する大菩薩の戒」の守り方である。それが一般の人たちに容易に実践できるようになる。そうなるとどんなによいだろうとお思いになりませんか。

〔『岡潔集』第三巻より〕

いのち

わたしはいま、「いのち」について お話しようと思っているのです。「いのち」とはどういうものかをいおうとしているのではありません。その感じのものをたどってお話を進めてみようと考えているのです。

情緒と創造

目のまえには、わが家の花園と呼んでいる小さな庭があります。いまは五月です。ダッチ・アイリスが終わってぼたんのつぼみがふくらんでいる。

これが一つの見方、知的な見方です。

それから、ダッチ・アイリスの葉はみどり、ぼたんの葉もみどり、ダッチ・アイリスの花は青、ぼたんのつぼみはやや赤みをおびている。

これがもう一つの見方、感覚的な見方です。

この二つが、ふつうわたしたちの住んでいる世界、理性の世界の見方です。しかし、それ以外にも見方があります。

その一つは、いま見ている花園を存在感と見る見方です。

たとえば、なにか冷たいものがあります。それに指先を当ててみてください。

まざまざと冷たいでしょう。

指先を離してみてください。

いま感じた冷たかったという記憶だけがあるでしょう。この記憶は、さきのじっさいに当てたときの感じにくらべると夢まぼろしのようなものでしょう。

さきのには、まざまざとした実感がありました。この実感を存在感といっているのです。

自然はたしかにある、としかだれにも見えないようですが、それは、この実在感からきているのです。その実在感と見る見方があります。

まだあります。これはいままでだれもいっていないと思うのですが、わたしは、これを情緒と見るのです。

それでは情緒と見る見方というのは、どういうことでしょうか。

たとえば、すみれの花を見るとき、あれはすみれの花だと見るのは理性的、知的な見方です。むらさき色だと見るのは、理性の世界での感覚的な見方です。そして、それはじっさいにあると見るのは実在感として見る見方です。

これらに対して、すみれの花はいいなあと見るのが情緒です。これが情緒と見る見方です。情緒と見たばあいすみれの花はいいなあと思います。芭蕉もほめています。漱石もほめています。

ところが、なぜ、いいなあと感じるのかだれにもわかりません。ですから、すみれの花を情緒と見たばあいこの情緒は一つの先験観念です。

わたしたちの価値判断は、ほんとうはこの情緒から来ているとわたしは思うのです。わたしだけが主観的なことをいっていると思われたくありませんので、ほかの人たちがどういっているかを聞いてみようと思います。

ところで、情緒が一つの先験観念として価値判断の基礎になっている、というようなことに言及しているものは仏教以外にはないのです。文化・宗教を通じて仏教以外にはない。

仏教でどういっているかといいますと、実在感ですが、これは、大自然の一つの智力に由来していると説いています。この大自然とはどういうものか。

自然をふつうに見ますと単に自然が見えるだけです。しかし、仔細《しさい》に見ますといちいちいかにもふしぎなのです。

たとえば、かぼちゃの種です。あの種にはどういう力が秘められているかというと、それを土にまきますとその時期が来れば芽が出る。そして、ふしぎな生長の仕方で大きくなり、秋には実がなってそれがみのってしまうと枯れます。

あの小さな一粒の種は、やく半年後の変化までその中に秘めているのです。このようなものを人はつくることもできなければ、説明することもできません。

わたしたちは、このつくれそうもないことわかりそうもないことに目をふさいでいるがゆえに、すべて知っているように思いますが、仔細に見ると自然はこのようなふしぎにみちているのです。

このふしぎまで見ることのできる人が自然を見ますと、単に自然を見ているだけではなく自然あらしめているものも同時に見ているのだといえます。

この自然と自然あらしめているものとを合わせて大自然というのです。大は、大きいではなく、絶対という意味の形容詞なのです。

わたしたちが花園を実感と見たり、あるいは情緒と見たりすることを可能ならしめているものを、仏教では大自然の叡智《えいち》であると見ているのです。これは、単に智力と呼んでもいいのですが、ほかのものとまちがわないためには真智と呼びます。この真智のうちで実感あらしめているものを、平等性智《びょうどうしょうち》というのです。

それから、情緒と見させているものは、これを大円鏡智《だいえんきょうち》といいます。情緒は大円鏡智に由来するがゆえに先験観念なのです。しかし、自然を大円鏡智と見る見方は、口に出してはだれも明らかにしていないようです。ところで、わたしはそれをやってみたいと思います。

さきに、かぼちゃを例にして自然のふしぎについて述べましたが、もう一つのふしぎがあります。まことに人とはふしぎなものです。

わたしがふらっと立ち上がります。――ホラ、立ち上がったでしょう。これはわたしが立とうと思ったのです。そんなふうな気分で立とうと思ったのです。これは一つの情緒です。

立とうと思うと、四百いくつかの筋肉が、同時に統一的に動いて、じっさい立ち上がるという動作を実現します。

ところで、その動作自身ですが、これは、はじめの立ち上がろうとしたときの気分を、寸分たがわず四次元的に物質（肉体）によって表現したものです。

つぎに、そのはじめの立ち上がろうという気分ですが、これは一つの情緒（意志的情緒）です。だから、情緒がただちに物質によって四次元的に表現されたことになるのです。

どうしてこのようなことができるのかはまったくわかりませんが、わからなくてもたしかにできるのです。このほうは、日常たえず経験していることで疑う余地はありません。

これはなにも、立ち上がる動作だけではありません。総合的な意志を働かせるといつもなにか全身的な動作がおこるのですが、そのときはみなこうなるのです。

わたしたちは、それを意識していないのですが、きわめて具体的に情緒を物質にする。つまり、物質によって四次元的に表現する力をもっています。

簡単にいえば、わたしたちは、情緒をただちに物質に変えることができるということです。

仏教の修行で、大自然の理法を悟るという悟りの位があります。無生法忍《むしょうほうにん》といわれているきわめて高い悟りの位です。

したがって、現在生きている人の中でその悟りを得ている人にはめったに会うことができないのですが、人は無意識のうちにこの無生法忍を得ているから、ただちに情緒を物質に四次元的に変えることができるのだ、とわたしはそういいたいのです。

もし、その悟りを得ている方がいま生きておられるなら、わたしはこう思うがといってお聞きするのですがそういうことはできない。

ところで、人が無意識的に無生法忍を得るのはどれくらいでできるかというと、生後だいたい八ヵ月です。

それから、わたしは数学をやっているのですが、ふしぎなことにそれと同時に数《すう》の観念がすでにわかっていることが観察されるのです。

数とはどういうものかというと、つまるところ無生法忍を得なければ、ほんとうにはわからないのではないか。わたしはそう思うのです。

ところでわたしは数学をやっている関係から、数の観念が出る以前よりも、出てからあとのほうに注目しますが、人のおいたちでいえば生後八ヵ月で無意識的に無生法忍を得ます。

そのあとの二十四ヵ月のあいだに、その人が一生使うほどの情緒的たくわえを用意するように見えます。

そこで、八ヵ月以後の二十四ヵ月間がよく知りたいのです。

しかし、この無生法忍という悟りを得ている人がすでに少なく、越えていられる人はめったにいない。

生きているそういう方には会えないのです。

この二十四ヵ月を知っていられる方が古来何人かおられたでありましょうが、それを文章として残されたものはないかと探してみますと、ほとんどないのです。

おそらく、仏道修行をすすめる目的で多くの方々はお働きになったのでしょうから、八ヵ月以後の二十四ヵ月間がどうなるかということはいう必要がないわけで、したがって、なにもいわれなかったのだと思いますが、たった一つだけわたしの求める文章があるのです。

それが、道元禅師の『正法眼蔵《しょうぼうげんぞう》』です。

これは、わたしはひじょうに貴重な文献であり、新しくひらいていく文化の分野の先達はこの人だと思っています。

わたしは数学をやっています。数学の研究とはどういうことをしているかといいますと、情緒を数学という形に表現しているのです。

どのようにして表現しているか、というところはわからないのです。無意識の無生法忍を使うわけです。つまり発端と結論がわかっていて中がわからないのです。大自然にまかせて、その理法によって表現します。

古人は、理法といえば法のあるところかならず行ないうると考えていたから、力という意味になるのです。

赤ん坊がその情緒を自分の肉体に表現します。これなら三十二ヵ月で全部できるようになります。その赤ん坊は一生それをひきのばしてやっていくのです。

わたしは数学をやっているので数学のことをいったのですが、数学だけでなく学問・芸術みなそうであろうと思います。すなわち真・美になりますが。善だってやはりそうだろうと思います。

大自然の理法のほうは、これはとうてい人の力のおよばないことですから、しかもそれは大自然がやってくれるのですから、大自然にまかせておくのがよいと思います。

そこで、人がいちばんしなければならないことはなにか。

その情緒をきれいにすることです。その情緒ですが、わたしは情緒を「いのち」の一片だと思っているのです。

情緒の濁り

さきに大自然の叡智を述べてこれを真智といいましたが、最初にダッチ・アイリスがとか、その花は青でとかといいましたが、これを分別智といいます。理性の世界の智は、みな分別智なのです。

それから、ふつう自我といって自分と思っているものですが、その自分とはなにかと聞かれると答えられません。にもかかわらず、人は自分というものがはっきりあると思っています。

それでご想像がつくでしょうが、これは本能なのです。

自分と人との区別があると思い、人を捨てて自分を取るということも進んでする。そういう本能なのです。自我といっているものの正体がそれです。仏教ではこれを無《む》明《みょう》といい、生きようとする盲目的意思だと教えています。

この自我が智力にまじると、もはや分別智より悪くなります。すなわちこれは邪智です。すべて智ということばでいっていますが、知情意のいずれにも真智、分別智、邪智の区別があるのです。

とくに情緒（感情の意味が自然に盛られている）でいいますと、これは喜怒哀楽の波とお思いでしょうが、喜怒哀楽も悪いものばかりとはかぎりません。

しかし、ふつうは悪いのでこれは邪智なのです。

これは情緒と呼ぶべきではなく、情緒の濁りと呼ぶべきものなのです。この情緒の濁りを情緒だと思って、情緒そのものに反対している人がよくあります。しかし、情緒というのはもともと定義のないことばなのです。

情緒の濁りはいけない。

情緒は喜怒哀楽によって濁ります。とくに、人を恨むというようなことをするとひどく濁ります。

それで、大自然の理法は大自然にまかせてしまいます。そこは人にはやれないし、また、大自然がやってくれるのでまかせておいていいのです。それでは、人はなにをすればいいか。

その情緒を、できるだけ清くし、美しくし、深くすることです。なかでも深みをつけていく。これが大事です。真・善・美とやり方は分かれていますが、どの道にせよ、ひっきょうそういうふうにつとめるべきなのです。

これが人類の向上だと思うのです。

星雲以来の向上

ラテン文化をふりかえってみますと、その源はギリシャですが、そのころは昼の時代だとみな思っている。それに続く二千年のローマ時代は、これを夜の時代だとみな思っています。

この夜のあとに来たのが文芸復興期で、そのあいだが四、五百年。これは昼の時代だとみな思っています。

これを一日にたとえますと、だいたい二十時間が夜で、昼が四時間ということになっていたようです。

ところで、いまの世相は、ローマ時代とひじょうによく似ているようにお思いになりませんか。つまり、いまは闇《やみ》の時代にさしかかっているのです。この夜がまえのとおりだとすると、この闇は二千年続きそうなのです。続きそうというよりも、続くと予想するのがいちばん確からしい。

しかし、ローマ時代はさいわいなことに自然科学がなかったのです。だから二千年も続きえたのです。ところがいまはそうではありません。二千年はおろかはたして三百年も地球上に生物がもつかどうか、それすらあぶないと思います。

なぜか。

コッホがインドの沼を原産地とするコレラ原虫を発見した。これはまことに自然科学の夜明けであって、すがすがしいものだと思います。

ところが、その自然科学は、まもなく世界的な戦争を始めることができる準備をしてしまいました。そして、じっさいに始めました。その緊張は、以後だいたい五十年間ゆるまず続いています。

さらにこれをくわしく見ますと、第一次大戦の直後、アインシュタインやド・ブロイがともに光のことを調べたのですが、相ついでノーベル賞をもらいました。それが一九二〇年代です。そして、広島に原爆が落とされたのが一九四五年です。そのあいだ、二十五年もかかっていません。

いまは宇宙時代といって、「宇宙時代と思索」というような標題の哲学書も出ていると聞いていますが、この宇宙時代というのは原爆の延長です。

こんな速さで、いやこういう加速度で行ったら、おそらくあっというまに地上の生物は消えてしまうだろうとそう思うのです。

これでは、闇がおのずからなくなって、光がふたたび来るのにまかせておくわけにはいきません。

ここで、闇と光とが死の戦いを戦うのでなければ、すべてはおしまいになるのではないか。星雲が太陽系となり、太陽系が地球を生じ、地球の上に生物を生み、生物が人となり、そして人に文化が生まれていく。こういうようにせっかく進んできた進化は、ここで打ち切られるのではないか。

わたしはそう思っているのです。

このさきどうなっていくのかまったくわからないが、この星雲以来の向上が、わたしには「いのち」の顕《あら》われであるように思われるのです。

文化と悦び

この「いのち」の内容が、人の真の悦《よろこ》びだと思います。そして、その心の悦びをかてとして、わたしは数学をやっているのです。

心の悦びには、だいたい二種類あります。一つは生命の充実感がもたらすもの、もう一つは発見の鋭い悦びです。

この発見の鋭い悦びは、まるでなにか砂糖分が体内に長く残っているといった感じの悦びなのです。

このことに言及している文献がたった一つあります。それは、漱石先生がなくなるという年の夏、和辻哲郎《わつじてつろう》氏に書いた手紙です。書簡集に出ていますが、こんなふうなことをいっていたと思います。

「自分はこのごろ、午前中の創作活動が午後の休息のときの肉体に悦びをあたへるのを例としている。自分は、芸術はここまでこなければうそではないかと思ふ」

〔『岡潔　日本のこころ』より〕

宗教について

太平洋戦争が始まったとき、私はその知らせを北海道で聞いた。その時とっさに、日本は滅びると思った。そうして戦時中はずっと研究の中に、つまり理性の世界に閉じこもって暮した。

ところが、戦争がすんでみると、負けたけれども国は滅びなかった。その代わり、これまで死なばもろともと誓い合っていた日本人どうしが、われがちにと食糧の奪い合いを始め、人の心はすさみ果てた。私にはこれがどうしても見ていられなくなり、自分の研究に閉じこもるという逃避の仕方ができなくなって救いを求めるようになった。生きるに生きられず、死ぬに死ねないという気持だった。これが宗教の門に入った動機であった。

戦争中を生き抜くためには理性だけで十分だったけれども、戦後を生き抜くためにはこれだけでは足りず、ぜひ宗教が必要だった。その状態はいまもなお続いている。宗教はある、ないの問題ではなく、いる、いらないの問題だと思う。

宗教と理性とは世界が異っている。簡単にいうと、人の悲しみがわかるというところに留まって活動しておれば理性の世界だが、人が悲しんでいるから自分も悲しいという道をどんどん先へ進むと宗教の世界へ入ってしまう。そんなふうなものではないかと思う。いいかえれば、人の人たる道をどんどん踏みこんでゆけば宗教に到達せざるを得ないということであろう。

大学生のころ、宗教に熱心だった叔母から、ある洋服屋さんが「世の中にはなぜこうも悲しい人や悲しい事が多いのだろう。それを思うと自分はまことに悲しい」といったという話を聞いて「この洋服屋さんは実に宗教的な素質がある。自分などはとてもこんな感じ方はできない」と思った経験があるが、人の悲しみがわかること、そして自分もまた悲しいと感じることが宗教の本質なのではなかろうか。キリストが「愛」といっているのもこのことだと思う。

芥川龍之介は「きりしとほろ上人伝」の中で、キリストを背負って嵐の吹き荒れる河を渡りながら上人が「お前はなぜこんなに重いのか」とたずねたとき「自分は世界の苦しみを身に荷うているのだ」とキリストに答えさせている。芥川は的確にキリストの本質をついていると思う。前へ進むのに謙虚《けんきょ》さでいく人と理想追求でいく人とあるとすれば、芥川は後者で、謙虚さよりも理想が勝っていたが、人物評論は随分よくできる人だった。また、彼は釈迦《しゃか》についても「沙羅《さら》のみづ枝《え》に花さけば悲しき人の目ぞ見ゆる」といっている。

「観音大悲」というのはただ悲しいのである。仏像でも、伎芸天や笛吹童子は芸術的にすぐれていても悲しみはあらわれていない。しかし、百済観音《くだらかんのん》や三月堂の月光菩薩《がっこうぼさつ》は悲しみの重さを十分知っているという目をしている。

宗教と宗教でないものとの違いは、孔子と釈迦やキリストをくらべればはっきりする。孔子は「天、道を我に生ず」といっているが、この「天」は「四時運行し万物生ず」といった大自然の行政機構のことである。また「仁」については説けず、ただ理想として語り得たにすぎない。孔子の述べたものは道義であって、宗教ではなかったといえるだろう。

またキリスト教の人たちでも、たとえば安部磯雄《あべいそお》、賀川豊彦《かがわとよひこ》といった人が世の悲しみをなくすためにいろいろな活動をした。それはもちろん立派なことに違いないが、それ自体は理性的な生き方であって宗教的な生き方とはいえないのではないか。こうした奉仕的な活動は、おおらかに天地に呼吸できるという満足感を与えるけれども、それは理性の世界に属することだと思う。いまも普通は宗教的な形式を指して宗教と呼んでいるようだが、これは分類法が悪いのだという気がする。

理性的な世界は自他の対立している世界で、これに対して宗教的な世界は自他対立のない世界といえる。自他対立の世界では、生きるに生きられず死ぬに死ねないといった悲しみはどうしてもなくならない。自と他が同一になったところで初めて悲しみが解消するのである。

人の世の底知れぬさびしさも自他対立自体から来るらしい。その辺のところを芥川はよく知っている。「秋深き隣は何をする人ぞ」の句をとらえて彼は「茫々《ぼうぼう》たる三百年、この荘重の調べをとらへ得たものは独り芭蕉あるのみ」と評している。この考えをふえんして自分で創作を書いたのが『秋』の一編である。ここには芭蕉ほどの荘重の趣きはないが、その代わりシャボン玉に光の屈折するような五彩のいろどりが出ている。そうして人の世のはかないあわれさが非常にきれいに描かれている。自覚してそれを描いたという部分が特によい。芥川もこれに非常な自信をもっていたことが書簡集を読んでみるとよくわかる。とりわけ、原稿がまだ活字になる前に何度も編集者の滝田《たきた》樗陰《ちょいん》に手紙を送って訂正しているが、その訂正のしかたが実におもしろい。

漱石も人の世のあじきなさを描こうとしたのに違いない。漱石の意図がどこにあったにせよ、『明暗』にはそれがよく出ている。人の世のさびしさ、あじきなさを何かのきっかけで自覚すると、自他対立の理性的世界であること自体からそのさびしさが来ていることがわかり、ここから救われるためにみな宗教の世界へ来ている。

宗教の世界には自他の対立はなく、安息が得られる。しかしまた自他対立のない世界は向上もなく理想もない。人はなぜ向上しなければならないか、と開き直って問われると、いまの私には「いったん向上の道にいそしむ味を覚えれば、それなしには何としても物足りないから」としか答えられないが、向上なく理想もない世界には住めない。だから私は純理性の世界だけでも、また宗教的世界だけでもやっていけず、両方をかね備えた世界で生存し続けるのであろう。

〔『岡潔集』第一巻より〕

四　数学と人生

世間と交渉を持たない

私は平素、自分の健康というものについて考えたことがない。今まで病気と名のつくようなものはしたことがないし、ひどく不健康で困ったという経験もない。私はただ、普通の生活をしているだけである。それで、もしこれが健康だと言えるなら、普通の生活をしていることが健康に適しているということになるだろう。普通では、そのどこが適しているのか、健康という観点からそれをどう把握《はあく》したらよいのかを考えてみると、大体、私は次の二つの点があげられると思う。

テレビからの解放感

私は毎日、大学の研究室で学生たちに数学の講義をし、自分の研究をしているものである。研究室は組織をもたぬ、私単独のものであるが、一つだけ規約を置いている。それは「世間をもち込むな」ということである。

私は世間と交渉を持つこと、毀誉褒貶《きよほうへん》に一喜一憂することを極力避ける。だから、自分の研究について雑誌に批評がのっても読まないし、たとえ友人がほめてくれても気にしない。それに立身出世とか、地位とか、名誉とか、金銭的なことは一切考えない。人中《ひとなか》に出ることも出来るだけ避け、講演はもちろん、教授会にしても、出来るだけ出ないことにしている。

最近は特に研究の方が忙しくなってきたので、テレビ、ラジオ、新聞なども目や耳から遠ざけている。私は一つの計画をたてて研究をすすめている。それに時間をあてはめて概算すると、時間がたりない。それなのに、なぜ今までテレビなどを見ていたのかと考えた。結局、ごまかしていたことがわかった。

テレビを見るといっても、西部劇とか、剣劇とか、たあいもないものだが、ズルズルとテレビを見たあとの感じは、実際よくないものだ。そこで、しばらく前、プッツリとテレビを見るのをやめてしまった。すると、とても気持がよい。まるで春先の気分のようで、浮き浮きした気持である。おかしなこともあるものだと思ったが、かりに「解放された気持をよろこんでいるのかもしれぬ」と名付けてみた。こういうことを体験した。世間と交渉をもたないことが健康に適しているということの、これは一つのいい例だと思う。これが一つ。

「でたらめ」を並べる

二つ目は、私は数学の研究でポシビリティ（可能性）というものを手がかりにする。このポシビリティよりももっと漠然としたもの、つまりポシビリティのポシビリティというものがある。一口に言うと「でたらめ」である。これを毎日一つずつ考える。この「でたらめ」を十ほど並べてみると、その中には一つぐらいポシビリティがある。このポシビリティをまた十ほど並べると、そこに一つぐらいファクト（事実）が見つかる。百の「でたらめ」を並べてやっと一つ事実が見つかる。

こんなことを繰返しているうちに、何年かして一つの研究がまとまるわけだが、一年三百六十五日、毎日「でたらめ」を考えるともなく考えている。これがまた、健康法に合っているのじゃないかと思うのである。

昔、支那にえらい禅師がいた。禅寺のことだからそこにはマキ割りとか、掃除とか、自治が行なわれている。ある日、弟子の一人が、禅師に向って「もうお年寄だから仕事をなさらないでほしい」と訴えた。その夜、禅師は飯をくわず「一日為《な》さざれば一日食せず」と言った。

また、別の時、ある人が禅師に向って「何か奇特なことはございませんか」とたずねたら、禅師は「独座大雄峯」と答えた。大雄峯というのはお寺のあった山の名で「お寺で座っているよ」というほどの意味である。

もし弟子から「近ごろ、先生、何かしていらっしゃいますか」ときかれたら、私はこう答えることになるだろう。

「うん、しているよ。ラジオもテレビも見ず、すわっているよ。格別勉強もしていないが……」

心の健康を考えたい

前にも言ったように、私はまだ自分の健康について考えたことはない。こんど「私の健康」というテーマをあたえられて、自分の生活を見直してみて、この二つを発見したわけだが、これは健康の二本の柱ではないかと思う。

そして私は、実行するともなくそれを実行してきたことになる。禅師は肉体の健康をいう前に、まず心の健康を考えていたのである。それがほんとうの健康法だと思う。

〔『週刊朝日』昭和37年1月12日号より〕

勝手気まま食

世の中には、食事に長い時間をかけて、楽しみながら食べることに、生き甲斐《がい》を感じている人もいるようだが、私にはそのような趣味は全くない。従ってわが家の夕めしも、みなで楽しむというのではなくて、めいめいが勝手なことをしながら食べるのが常である。家族は娘夫婦を入れて七人だが、私と八歳と五歳の二人の孫はテレビを前にした食卓にすわる。孫はもっぱらテレビマンガをみながら食べる。私はトランジスタラジオでプロ野球の放送をききながらビールを一本、時には二本飲む。お菜はその間に食べてしまうので、御飯は漬物か、トマトを御飯にのせて醬油《しょうゆ》をかけた「トマト御飯」ですます。

私は時計に合わせて食事をするのは不自然だと思っている。勉強したり随想を書いたり、頭を使っている時は、お腹《なか》が空《す》かない。そんな時は夕食の時間を遠慮なくのばす。頭のなかが空っぽになるとお腹も空いてくる。これが自然の生理というものである。だいたい食欲が起るのは、感情意欲をつかさどっている大脳前頭葉が働くからだ。しかし大脳前頭葉も、考えるという意欲と食べるという意欲とを同時につかさどることはできないはずだ。だから食事も時間に従うよりも、このような生理に従う方がよいと思っている。

いずれにしても、食欲は人間の感情意欲のなかではあまり高尚なものとは思えないから、食事についての関心はあまりない。日本で食べたり飲んだりしながら政治をする習慣があるのは、私にはまことに奇妙なことに思える。

〔『アサヒグラフ』「わが家の夕めし」昭和42年8月25日号より〕

文化勲章騒動記
——超俗の数学者がもみくちゃにされた一月間——

岡ミチ（岡潔夫人）

ステテコのいいのは八千円

今度のことは、あまりいろいろ世間とはおつきあいせず、平凡な毎日を送ってきた私たち一家には、本当に寝耳に水と申したい、不意のできごとでした。

十月七日のことです（編注：昭和三十五年）。その日朝から、主人は長女のすがね（主人と同じ数学を学び、いまは母校の奈良女子大に勤めております）を伴って、京都大学の数学セミナーに赴き、私と次女のさおりだけが、留守を守っておりました。そのころ、数日間の私の家の話題と申しますと、さおりが念願の芸大に入りたいのだが、その受験準備として勉強するには、どうしてもステレオがいるから買ってほしいという希望を述べておりましたが、ようやくその望みをかなえる決心が主人にも私にもついたことでした。といって、高価なことですから、一度に買うことは、私共のささやかな収入ではできません。それで、いつもこういうまとまったものを購入致しますとき、お世話になっております、女子大の共済組合にお願いして、十カ月の分割ばらいに決め、その前にすぐ現品がいただけるというふうにさせていただきました。

主人もその日は、朝からそのことばかりが念頭にあったと見えまして、京都へ行く電車の中で、すがねに向って、

「ステテコは五千円ではないかもしれないが、五千五百円ならあるようだ。いいのは八千円もするそうだが、とてもたかくて買ってやれん……」

などと話していたそうです。おかしなことを言いますが、ステテコとはステレオのこと、いうまでもありません。また、五千円や八千円というのは、五万円、八万円のことで、一ケタまちがっておるのです。主人は、時々こんな頓狂《とんきょう》なことを申します。

その日の昼ごろだったと思います。NHKのかたが、突然、留守宅にお見えになったのです。御主人は居《お》られないか、内定発表がありました、と告げてくださったのです。

本気には信じられない気持でした。ニュースでも別にそんなことは聞かないし、なにかの間違いではないかと、さおりとも話し合っていました。

同じころ、京都にいた主人には、奈良女子大の落合学長から、電話がかかって来たそうです。その日のうちに奈良へ帰ることは御承知の筈《はず》なのに、わざわざ京都まで長距離電話をかけてよこすなんて、ハテ不審なことだと思ったと言っております。「おおかた、八つ橋でも買《こ》うて来てくれというのかと想像した」などと、あとで主人は例の通り、冗談を申しておりました。

一しょにいたすがねの話によりますと、その当座も、それから後も、少しも変ったようすは見せなかったそうです。途中で「ちょっと出かけてくるよ」といって、フラリとどこかへ消えて行ってしまったときもあって、実はテレビへ放送を頼まれて行ったのだとあとで判《わか》ったのですが、そのときも全然わけがわからず、ポカンとして待ち惚《ぼう》けを食っていたとのことです。

それほどですから、とうとう、夕方、京都からいっしょに帰って来て、大学へ行く父と奈良駅で別れるまで、何も知らされずにしまい、家へ帰ってから、長男の口から知らされ、始めてビックリしたすがねでした。

電話をひくのは俗物だ

広島におりましたときも「岡の漫才」などとニックネームをいただいておりました。ほんとうに一日中、阿呆《あほ》な冗談ばかり言って、みなを笑わせています。ところが、一向にまともな話はしないのです。

よく外国の有名な学者の方が訪ねて来られるのでしょうが、いつのまにか会って来たりして、ついぞそんなことを家で匂《にお》わしたりなど致しません。そんな日常である上に、あのときは、お電話をいただいた落合先生から、「内定だから、洩《も》らさないように」と言われたので、一そう要心したのでしょう。主人には、そういった律儀《りちぎ》なところがございます。

留守の私たちがはじめてそれと知ったのは、五時のニュースででした。さあ、それからがたいへんです。家へ来られたり、大学へとんでいったり、たくさんの報道の方が押しかけて来られました。締切りに間に合わないとおっしゃって、ずいぶん気をもまれたようです。大学でみなさんにつかまって遅くなり、その夜、主人は八時ころ帰って参りました。そのあとも、新聞のかたが入れ替り立ち替り現れ、お祝いどころのはなしではないうちに、その日はつかれて床へ入ってしまいました。

文化勲章をいただくということが、こんな大きな騒ぎになるとは、思いも及ばなかったことです。「えらいことになりましたな」と理学部長の後藤先生もおっしゃっていましたが、もうそれからは、もみくちゃにされるような毎日です。

といって、朝から午前いっぱいある女子大の講義の方は大事なことですから、一日もなおざりにはできません。本当はそのあと、午後一杯は研究室で静かに勉強という日常だったのですが、それからは、午後は報道陣といっしょの生活というふうに変貌《へんぼう》してしまいました。

近所の方も、時ならぬさわぎに、ずいぶん御迷惑だったと思います。

私の家には電話がないのです。前々から、電話があれば、どれだけ便利かもしれないと思いまして、申しこみたいといいますと、すぐきまって、

「俗物！」

という雷が、主人から落ちます。電話をひくなどというのは、俗物の仕業だというのです。なにしろ、そう申します主人は自分では電話もかけられません。およそ文明の利器とは縁のない人なのです。ヒューズがとんで電気が消えても、いちいち電気屋さんです。ライターも石か油がなくなるとほうり出してしまって「やっぱりマッチはええ」という具合です。電話も人からかけられてしぶしぶ出るくらいですから。

で、電話をお持ちのお隣りの家を、報道の方がまるで連絡所のようにされ、御迷惑なことであったと申しわけなく思っています。

主人はしかし、大体よほどのことがなければ人の言うなりになる方で、それは従順に報道の方の申し出にしたがって居りました。たとえば、「数学をやられた動機は？」と、何遍訊《き》かれたかしれませんが、そのたびに、昔の、小学校のことまでさかのぼって、諄々《じゅんじゅん》と五分も十分もしゃべるといったありさまです。研究のお金がたりないからだろうと、この小さな家を写真にとられたり、ゴム靴をはいて登校するところを狙《ねら》われたり、それは大仰なことになりましたが、いうなりにさせて居りました。

「なるべくさからわんことにしてる」と、主人は苦笑しながら申しておりました。「文化勲章は、返さないで、いただくのだから、その代償だよ、これは」ということでした。

しかし、内心では肝腎《かんじん》のことのために、ずいぶん心がはやっていたことでしょう。肝腎のことといいますのは、研究であること、申すまでもありません。なんでも、来年春までにどうしても仕上げる仕事があるのだからというはなしで、「急ぐんだから、急ぐんだから」と申します。そうして、昔からどんな嬉《うれ》しいときでも、仕事だけは中断したことがないのです。

昔はどちらかというと勉強は夜型だったのですが、年をとってから、朝型になりました。毎朝大抵六時に起きます。そしてコーヒーを三杯のんで、床に入ったまま仕事をはじめるのが癖です。コーヒーはのみすぎるのではないかと思いまして、「胃にわるい」と三杯に制限しているのですが、それでもなんやかやと理屈をつけてはむしとって、たくさんのんでしまうのです。

その六時起きの習慣が、そのころは、つぶされた午後の仕事の分だけとりかえすつもりなのでしょう。だんだん、三時ごろに起きるようになってしまいました。コーヒーはつめたくてもいいというのですから、私は前の晩につくって準備しておきました。

ネクタイは野蛮なり

そうこうしているうちに、十一月三日に授与式があるから上京せよとのことです。とても準備をするひまなどありません。もうすっかり有名になりましたが、晴雨にかかわらず、ゴムの雨靴をはいて歩いているような主人の服装です。軽くて、足が自由になって、ヒモをしめる面倒がなく、しかも安くて、こんな便利なものはないというのが主人の無精の弁解ですが、まさかゴム靴で東京へは参れません。これを説得して、皮靴をはかせるのに、また一悶着《ひともんちゃく》です。皮靴はフランスの木靴《サボ》のようで、中から折れず、歩くと頭にひびくと言いたてるのです。ネクタイもしめようとはしません。「こんな野蛮なことはせん」というのです。着物を着て、帯をしめないようなものだからといっても、「交感神経をしめつけるから」とかなんとか理屈をつけます。

モーニングでもひとえのものを親戚《しんせき》の形見にいただいて持っていましたが、もうすりきれて着られません。けれども、そんなことまで有名になりまして、みなさんから、提供したいというお申し出を受けました。「商売のためではない。先生に喜びだけにひたっていただきたい。新調のモーニングを宿にお届けする」といって下さった、浅草の古着屋さんもありました。

幸いなことに、私には京都にまるで姉妹同然にしている人があります。私どもが結婚して京都に四年間住んでいたときに親しくなりました小林さんという方が居られました。大きな段通屋さんですが、芸術や学問をよく理解された方でした。今度一しょに受章された佐藤春夫先生の「晶子《あきこ》曼陀羅《まんだら》」にも出て来られる方です。むかし、私どもの家に見えては「なあ、岡さんは文化勲章をもらわなきゃ。それも年金つきの……」とよくおっしゃっていましたが、それがたまたま今度実現したわけです。その長女にあたる人です。

本当に親身になって世話をして下さいました。靴も、足が入りさえすれば、いやといわずに、はいて行ってくださるでしょうと、わざわざとどけて下さいました。甥御《おいご》さんが結婚式に一度着ただけというモーニングの、型の新しいものを持っていらっしゃるとのことで、長男がいただきにあがりました。ズボンの裾《すそ》を出しただけで、着られました。本当にありがたいことでした。

私自身の仕度なども、なにしろ旅などしつけないことでもありますので、なにもできませんでした。それに、ちょっと着物の袖付《そでつ》けにとりかかったりすると、すぐまた報道の方に応対しなくてはならず、とても暇が無いのです。

汽車の切符を手に入れることもできませんでした。三等が二等になったり、二等が一等になったりしているので、いっこうに要領を得ないのです。「一等で行ったら」とすすめられましたが、二等でも二時間前から待っていれば坐《すわ》れるときいて来て、

「二等と一等ではいくらちがう？」

と主人が訊くのです。二千円ほどだと申しますと、顔をしかめて言います。

「大学で非常勤の講師を一時間やると二百円。二時間待って二千円得をするのなら、大学よりも割がいいな」

「こだま」や「つばめ」なら二等でも指定席が買えるときいた時には、もう売り切れ

でした。ラジオの人や大学の人たちが心配して、「なんとか都合しましょう」と言ってくださいましたが、主人は、

「それをうちがとるために席をなくす人が出るのだろう。そんなことはせんでもええ」

の一点張りです。「学校の力」とか「放送局の力」という気持になるのがたまらない潔癖な主人の気持はよくわかります。

それと、たまの旅行だから、特急のように速く過ぎては景色を楽しむ暇がない、とも言うのです。私などは退屈で困ると思うのですが、「急行だって速い。ゴト（普通）でええや」とすましています。それだけは勘弁してもらって、二時間前から待つことにして、普通急行二等に乗って、東京へ参りました。

東京駅には、高校時代から仲のよい秋月（康夫）先生御夫妻や長女の主人の両親、中学校の同窓生たちもいっぱい迎えて下さいました。その中には京都で生活していたときの隣家の御夫妻も居られ、三十五年ぶりでお目にかかって、ビックリしました。

みなさん、私たちが一等で行くとばかり考えていらっしゃったものですから、わからなくて困ったそうです。

間違ってもよいか

東京では、駒込千駄木《こまごめ》町の、主人の妹の家に泊りました。ここでも、奈良に劣らない大勢の報道陣の訪問をうけました。寝床の中で仕事をするのがたいそう有名になり、ずいぶん主人は写真などを撮られたものです。頼まれて床へ入ってしまうと、

「それそれ、入るところがいいのです。もう一回やって下さい」

といわれて入りなおしたり……。朝に晩にのことでした。でも、みなさんの自動車のおかげで、車代はずいぶん助けていただいたと思って感謝して居ります。

そんな生活でも、朝の仕事だけは欠かさず続けていました。ずいぶん疲れたと思うのですが、それでも授章式までは気分をはりつめていて、元気にして居りました。

三日に授章式がありました。その式典には私は参加しなかったのですが、予行演習には私もお伴をしました。小学校の免状式みたいに、それは面倒なものです。教えてくださる文部省の方に、主人が大きな声で、

「こんなにむずかしくて、間違ってもよいか」

と聞くので、吉川（英治）先生など、みんなで大笑いです。

「やりなおすよりは、間違ってもそのままつづけてしまった方がよい」

そういわれていました。

吉川先生とはお親しくなりました。昔から親しかったように、うちとけて話しておられました。主人も、先生の小説は好きで、よく読んでいたのです。先生は「私のものを、数学をやられるような方が読んで下さる」と喜んでいらっしゃったようです。

翌日、四日には毎日新聞の人に新宿御苑へ連れて行かれました。菊が公開されていたのです。主人は非常に嬉しそうでした。動植物のいのちは、人間のいのちと同じに尊いといって、普段から生き物は、それは可愛《かわい》がるのです。ただ、靴が痛くて、あそこならハダシで歩きたかったとあとで言っていました。

翌五日には、粉河《こかわ》中学の同窓会が東急ホテルで開かれました。四十人もの方が見えてくださいました。報道の方がつめかけましたが、中で読売ニュース映画の方は、なんとかして主人が三高の校歌を歌う声をききたいとおっしゃるのです。とうとう、その夜、家へ帰るまでついていらっしゃいましたが、どういうわけか歌が出ません。で、私は、

「あんなに言ってなさるのだから、あなた、歌いなさい」

と言って、主人に歌わせました。

六日には中谷宇吉郎先生のお宅に泊めていただきました。フランスに留学しており

ましたころからの友達です。ことに、亡《な》くなられた弟さんとは、昔、よく御一しょに旅行したものです。主人は無計画ですが、人が誘うと喜んでどこへでもついて行きます。中谷先生の弟さんは、考古学が御専門で、発掘に行かれるのを主人も自分のことのように楽しみにしてお伴したものです。

粉河中学校での主人の先生に招かれて山梨県へ行ったのは八日のことです。八十歳になられたというのに、大へんお元気で居られました。

もうこのころには、ずいぶん疲れていたようです。秋月先生からも「岡君は疲れていますよ」といたわられました。福島県の飯坂《いいざか》温泉へ静養に行ったのは九日のことですが、なにしろ主人は研究の方が気になってたまらないようです。それに大学の授業の方も、おろそかにはできません。それで十二日の朝、奈良へ帰って来たのです。帰ってみますと、学長さんや学部長さんは、授業もあるが、研究の方が気がかりなら、そちらに専念するようにと、御理解のあるお言葉でした。主人も居ても立ってもいられない気持のようです。主人の親戚からも来いといわれていたものですから、数日経《た》った或《あ》る日、そちらの方へ、予告もなしにフラリと出かけて行ったのです。前から約束のあった報道の方たちには申しわけなく思いますが止《や》むを得ません。その日は、NHKの人が朝からいらっしゃって、夕方まで待っておられたのですが、とうとう帰って参りませんでした。

いまごろは、紀州のどこかの温泉で、好きな研究三昧《ざんまい》にふけっていることでしょう。

数学で心を表現する

主人は、日ごろから自分が数学をやるのはただ数学という一つのものをやっているのでなく、数学という表現法を通して、自分の心を表現しているのだと申しております。数学を中心に、主人の人生はなにもかも渾然《こんぜん》と一体になっているのでしょう。

そして、余事には目もくれないのです。ナリフリかまわぬ生活をし、ネクタイもしめず、ヨレヨレの背広を着て歩くし、夜は着たまま寝床に入ってしまう。お風呂《ふろ》に入るまでは、着替えもしない。よそ様の家へ伺うと、立派な敷物の上に煙草《たばこ》の火をおとしたり、新しい豪華な座布団《ざぶとん》に穴をあけたりして、どんなにハラハラしてきたかしれません。

やはり社会人なのだから少しは気をつけなくてはと、どんなに言い合ったかもしれません。すると、「それは世間態《てい》だ！」と本気で怒るのです。しかし、私も長年の生活で、いまでは本当に神経が太くなりました。

報道の方にはずいぶん追いかけられましたが、そういう意味では、よいこともあります。もう主人のゴム靴もヨレヨレの背広も、すっかり有名になりました。世間も主人なりの生き方を認めて下さるでしょう。先日も奈良の街で、女の人が二人こんな話をしているのを、娘が耳にしたそうです。

「あんな汚い恰好《かっこう》をさせて……。奥さんが気を付けないのですね」

「いいえ、あの先生はむずかしいのですって、仕方がないそうですよ」

これでよいのだと思います。

お金のことでは苦労して参りました。本を書くようなお金になる仕事をもちこまれても主人はいつもあっさりポンと断ってしまっていたのです。時間がもったいないというのです。だから、主人には日本語の著書というのが一つもありません。いつも俸給だけの生活でした。

いろいろなものを売って食べて来ましたし、主人の高等学校時代のお友達に研究費を援助していただいても来ました。

生活の苦労は大へんだろうとみなさん、おっしゃいます。が、私たちは子供も三人だけ。それに、あからさまに申しますと、手取り四万七千円のいまの給料なら、けっして少いともいえないでしょう。主人のは紙と鉛筆と、そして本がいくらかあればよい研究です。なにも器具はいりません。きっと世間には、私たちよりもっと苦しい生活をしながら、研究をされている方がたくさんあるのだと思います。どうか、そういう方を探し出して援助してあげて下さい。もうこれで、きっとお金には苦労をしないですむ私たちは、自らの経験から、切実にそう願うのです。

〔『文藝春秋』昭和36年1月号より〕

週間日記

月曜日

目を覚ますとすぐ、物質の秩序というものと情緒の調和というものとの関係について考えた。前日、講談社の記者にそういった話をして録音をとってもらった、その内容についてもう一度検討してみたわけである。

そうしているうち東京へ就職している息子が帰って来た。あすの夜行で帰るというものだから一日一緒に遊んでしまった。

火曜日

起きるとすぐ今研究しつつある数学について考えた。数学の研究というと、できるほどずつ大脳前頭葉という知性のカンバスへ無色・無形の絵を描いて行くようなものなのだが、それまでに描けているところをもう一度描いてみた。今、私は微分方程式の一つの問題を研究しているが、この絵がここまで描けるようになるのに四、五十日かかっている。

絵を再現し終わって、さてそれを観察しようとしていると、息子が碁をうってみないかといったので、要求に応じてしまった。で、数学はすでに描かれている絵を再現したまでだった。

しばらく碁をうたずにいるとうちたいという気がしない。初め二番はそんなふうにしてうってしまった。が、せっかく息子がうちたいといっているんだからちゃんとうっておこうと思って三番目をうつと、初め二番との違いがよくわかった。やはりうち進むほど、自分のカンバスに無色・無形の図を描いて、それを見つめながらうって行く。数学をやるのと同じことをやっているのだな、と思った。

そうこうしているうちに、息子が帰って来ているというので、大阪の堺市《さかい》に嫁いでいる姉が帰ってくる。そのとき、奈良の女子大の学生を一人つれてくる。もう一人学生がくる。非常に賑《にぎ》やかになる。晩餐《ばんさん》にタイなどを食べて送り出した。

水曜日

十時半から講義のある日。このごろは夜考えて、朝遅くまで寝る癖がついているので、遅く起きてすぐ学校へ行ったから数学については図をもう一度描くことすらできなかった。

学校では講義の時間に学生に、頭の使い方の話をした。スポーツはみな肉体の使い方を教える。数学もやはりそういう頭の使い方をするから数学になるのだが、その通りに使っていない。だから頭のどの部分をどう使うのか、そうするにはどうすればよいのか、ということを二時間、丁寧に話した。

肉体と違って、頭は、そこを使えといわれても、どうするかということまで教えてやらないとなかなか思う場所が使えない。

午後は奈良の学芸大学へ行って話をした。

木曜日

十時半から女子大で講義。午後もう一度数学専攻科の学生に講義をして、夜、大阪・中之島《なかのしま》の公会堂で浄土真宗の人たちにお話をした。「物質と生命」というテーマだった。

この大自然を物質の秩序と考えるのが物質観、情緒の調和と考えるのが生命観だ。この二つの間にどういう関係があるか、主としてそのことをいったのだが、「情緒を物質によって表現するのが大自然の理法である」とそういった。例えば、人が立とうと思う。これは情緒。そうすると立つ。ところが、これは簡単に見ているが、四百幾つの全身の筋肉がとっさに組織的に動いたわけで、人はやはり情緒を動作で表現することができる。

人だけではなく、動物はみなそれができそうだ。大自然の理法を無意識裏に譲り受けて行なえるようになっている。学問の論文を書くとか、芸術の作品を作る場合、この大自然の働きをそのまま借りて、情緒という無形のものを肉体の運動という具体的なものに変える。

また街の空気が淫靡《いんび》である場合に子女の初潮は促進される。街の空気が淫靡であるのが一つの情緒で、人はそんなものは気のせいだぐらいにしか思っていない。その証拠に、そんなものを汚すことを何とも思っていない。街へゴミを捨てる方はやかましくいう。ところが、そういう抽象的なものも子女の成熟にかようにも具体的に影響する。これもまた大自然の理法で、この際は人の情緒の中心を通してこの働きが行なわれるらしい。ともかく大自然には情緒を物質に変える理法があるらしい。そしてこれを大自然の創造力と呼んでいる。しかし、いかに大自然でもその情緒のないところ、その具体化は不可能である。

金曜日

四時ごろだったが、起きようとすると寝床の中にムカデが潜んでいて足をかまれた。右足の指も左足の指もかまれた。そのため足がはれ上がってほとんど何も食べたくなかった。熱もあったようだ。イチゴにミルクをかけたのが主食といったありさまで、それで何もできなかった。

ただ、きまりの日だったので京都へ行って京大で数学のゼミナリーをやって来た。普通だったら、行き帰りの電車の中で相当数学がやれるのだが、何もする気になれなかった。体のどこかにちょっと故障があると、もうそれでやれなくなる。

土曜日

朝、時間があいていたが、何もしなかった。午後、東大寺が経営している中学、高等学校へ行って父兄にお話をしてきた。

テーマは「頭をよく発育させるにはどうすればよいか」。教育はまず正しい人を作らなければならない。それができたら一番有力な道具としてよく働く、よく発育した頭を与えてやらないといけない。もし、だしぬけによく発育した頭を与えると悪用する者が出る。

ところで、頭をよく発育させるにはどうすればよいかということについて、それが教育法だが、人はほとんど知らない。知っている唯一のことといえば、筋肉は使えば発育する、使わなければ発育しないということを生活の知恵として知っている。そして頭も同じだろうと思っているだけではないかと思う。

厳密にいうと同じじゃなさそうな気がする。筋肉は使えば発育するし、使わなければ発育しないというだけらしいが、頭の方は進んで使う場合といやいや使わされる場合と同じにはいえない。教育はやり直しがきかないんだから、頭の場合は、進んで使えば発育する、と思うべきだ。例えば家庭教師だが、父兄はお金を払う、そうすると家庭教師が自分の頭を使う。家庭教師が頭を使っているというだけの理由で、子供の頭は発育しなければならない義理なんかないだろうと思う。生徒と先生の関係もその通り。

一般に頭をよく発育させるという問題については発育する時期というものがある。大体医者は満十五まで発育して行くといっている。頭の発育は一応中学の三年までで済んで、そのしるしとして女性の場合は初潮がある。だからいったん成熟したという徴候が現われたら、もう頭は全然発育しないというのではないが、発育期はすぎてしまうのではないか。とすれば発育期をできるだけ長くすることが大事だ。つまり発育期を長くすることと進んで頭を使わせることと、その二つ、こまかく見ればそれについて大変問題がある。そしてほとんどわかっていない。そういうお話をした。

日曜日

初めて数学について少し考えることができた。足はまだはれていたが、熱はほとんどなかったから描きかけの図をまた知性のカンバスの上に描いてじっと見てみた。そうすると次の問題が見えて来た。そしてそれが希望していた形にうまく解決されて行きそうにみえた。

この一週間の自分を振り返ってみると大体『春宵十話』という本の続きのようなことを綴《つづ》りながら細々と、それでもとぎらさないで数学の研究を続けている、そんな一週間であった。

〔『週刊新潮』昭和38年5月27日号より〕

ピカソと無明

わたしは週に一度、奈良から京都に行って、大学院の研究生にゼミナールをやっている。二月はじめのある金曜日の京都は、ばかに春めいた陽気だった。こんな日に薄暗い教室に閉じこもって、数学の勉強をするのはまことにつまらぬことで、なんだかブラブラと歩いてみたくなった。

春先きの天気のよい日に、ポカポカと歩いてみたくなる気分、この気分こそ大事だと、わたしは思っている。文化において、生み出す、造り出す働きをするそのはじまりは、ちょうどこういう気分だからだ。この一番はじまりの気分を研究生の諸君に味わってもらおうと思い、教室にはいって、みんなの意見を聞いた。みんな大賛成だ。植物園へ行こうか、博物館へ行って絵巻き物でも見ようかと迷ったが、岡崎でピカソ展が開かれていると聞いたので、そこへ出かけることにした。

ピカソ展には大体二種類、女性の絵と馬の絵がかかげられていた。一口に言うと、女性や馬がものすごい勢いでのた打ち回っている状態をあらわした絵だ。もちろん全部を見て回ったが、一枚一枚立ちどまって丹念に見る気になれず、ましてもう一度見直す気もしないまま、せいぜい三十分ぐらいで会場を出ただろうか。それでもわたし自身大いに感じるものがあった。

「無明（むみょう）」が実によく、実に恐ろしく描かれていたからだ。無明とはこんなに恐ろしいものかと、しみじみ考えさせられると同時に、さすがは世界的な巨匠の絵だと感心した次第だ。

無明とは、生きようとする盲目的意思だと教えられている。普通われわれが「自我」と思っているものの本質が無明であると言えよう。

ところで、奈良に帰る途中、わたしの目に映る人の顔から、やたらと無明が見えてしかたがないので、つとめてそばにいる人の顔を見ないようにしていたのだが、それでもなお、無明が気になり、なんとなく薄気味の悪い一日になってしまった。

翌朝、目をさまし、床の中でふときのうのことを思い出したので、これはいい機会だと思い、あわてて自分の顔を鏡に写して見た。きのう、他人の顔からあれだけ見いだした無明が、自分の顔からは全然見いだせないではないか。無明の恐ろしさとはこのことだ。

もし無明―自我の本体―が自分の中に見いだせるものならば、わたしは学生諸君にただ一言、鏡を持っておきなさい、と言っておけばよかったのだろうが、自分の中には無明は見いだせないのだ。つまり自分の中に無明が見いだせないのは、無明の働きでかえって智力―普通大脳前頭葉―がうまく働かなくなっているために、当然だれにでもあるはずの無明が見いだせないのだと思われる。

明治以後のことだろうが、生きることを生物の「生」という意味に割り切って使っているが、これは間違いだ。そこで言う「生」とは、のた打ち回るという意味で、それ自体大切なものであるというのはわかるが、この「生」を自我の本体と解してはいけないだろう。

ところで、わたしは三十年前、フランスに留学していたおりに、ピカソの絵を見た。当時の絵はたいていキュービズム（立体派）めいたもので、歌姫や踊り子が非常に美しく、かわいらしく描かれていたと記憶している。いま思うと、そこにあった女性の美はほんとうの美ではなく、あやしくも人の心をひく美だった。これもやはり無明の現われであるに違いない。

しかし、かりにピカソがこの程度の無明しか描き出せずに終わっていたら、単なる大衆作家にしかなり得なかっただろうが、さすがピカソはその後、人の中から克明に無明の部分を残す努力を続けたからこそ、三十年後にこんな絵がかけるようになったと思われる。

ピカソ自身どんな気持ちでこれを描いたか知れないが、ピカソを芸術家と呼んでいいだろう。芸術家の中の巨匠と呼んでいいだろう。そしてその作品は巨匠の中の傑作といっていいだろう。漱石が「明暗」の中に書いた無明と同様、人の倫理に大いに役立つものというべきで、ここまでは賛成である。

しかし、ただ一つ、これは美とは言えないと思う。そこで、つれて行った若い人たちに感想を聞いてみた。「ものすごく生きている」と言って安心している。そうするといまの若い世代はのた打ち回ることを生きていることと思っているらしい。

生きるということばを教えるのにミミズが生きていると教えるのは間違いで、あれは物質が運動をしているのだ。

とはいえ、生きるということばがいらないわけではない。たとえば「生きがいを感じる」、「生きとし生けるもの」、これはみんな物質の運動ではないからだ。生きるということは、人が良く生きるうちに気がこもっているかどうか、それを生命というのだろう。

生命が希薄になれば、一挙一動ことごとく疑惑になるものだ。そして心の底がなんとなくさびしくなる。若い人のなかでマッハ族などと呼ばれる人たちは無明の現われで、心の底に常にさびしさがあり、さびしいからなおさら粗暴な行動をする結果になるのだ。

生きることは、動くことで見分けてはいけない。良く生きているかどうかで見分けるべきだろう。

ほんとうの自分—自我と呼んでいるもの、あれはみんな無明の現われで、その本質がどんなものか、どんなに恐ろしいものか、どれだけ知っても知り過ぎることはないだろう。その意味で、わたしはピカソの絵を見るようにおすすめする。

［『フォト』昭和38年5月1日号より］

生きるということ

私は中学五年から高等学校へ行った。初め一高へ行こうと思っていた。ところがだんだん聞いて見ると、一高の校風は自治であって、その寮歌はこんなふうである。

嗚呼《ああ》玉盃に花うけて　緑酒《りょくしゅ》に月の影宿し
治安の夢に耽《ふけ》りたる　栄華の巷《ちまた》低く見て
向ケ丘にそそり立つ　五寮の健児意気高し

それとともに三高についてもいろいろ聞いた。三高の校風は自由であって、その寮歌はこんなふうである。

紅《くれない》萌《も》ゆる丘の花　早緑《さみどり》匂《にお》う岸の色
都の花に嘯《うそぶ》けば　月こそ懸れ吉田山

私には、三高の自由とは植物の喜びのように思われた。曇り空に突然日がさっと射《さ》すと植物の花々はいっせいに喜ぶ。これが植物の喜びである。これに対して一高の自治とはなんだか動物の犇《ひしめ》きのような気がした。私は自分の性に合っているのは一高の自治ではなく、三高の自由だと思って、三高へ行くことにしたのである。

三高では好んで漱石を読んだ。「猫」の一節にこういうところがある。苦沙弥《くしゃみ》先生が「彼らは君子ではない」という。彼らというのは向かいの中学生である。そうすると迷亭が、「君は君子か」といってじっと目をのぞきこむ。さすがの苦沙弥先生もたじたじとなって、「僕は、自分を、君子だと思っている」と、とぎれとぎれにやっと答える。そうすると迷亭は、さっと肩をすかして、「偉い」という。これが道義というものである。

自分を振り返ると自分がいかにもたよりないことがだんだんわかってくる。それでしっかりした大地に立脚しようとして自分を掘り下げるようになるのであるが、それが道義である。私は漱石にこつを教えてもらって、だんだん自分なりの道義を作っていった。

芥川は主として大学へはいってから読んだのであるが、芥川は「或阿呆《あるあほう》の一生」でこういわせている。「人生は一行のボオドレールにもしかない」私は、これが理想というものだなと思った。

杉谷岩彦という蝶《ちょう》の採集の好きな先生がいて、一年の三学期に、三次方程式、四次方程式を解いて見せた後、こういう意味のことをいった。「四次方程式まではこんなふうに代数的に解けるが、五次方程式からは一般には代数的には解けない。そのことはアーベルが証明している。君らは理科甲だから、大多数の人は工科へ行くだろう。工科ではアーベルの定理は教えないが、理科へ行けば習うだろう」

私は、解けることを証明するためには解いて見せればよいわけだが、解けないことをどうして証明するのだろうと思って、それが非常に不思議であった。この不思議は日がたつほど私を強く数学へ引きつけた。

フランスの大数学者のアンリ・ポアンカレーに「科学の価値」という著書がある(岩波文庫参照)。そこにこういう意味のことが書いてあった。「クラインはリーマンのディリクレの原理を確かめるため、球、ドーナツすなわち球に一つ耳の付いた形、球に二つ耳の付いた形などを想像し、その表面に＋・－の電極を作って、電流を流してみた。そしてそれが常にうまく流れることを見きわめて安心した」

リーマンというのは、多くの人たちが数学史中の最高峰と思っている、十九世紀のスイス生まれの数学者（編注：リーマンはハノーファー王国の小村ブレゼレンツ出身でスイス生まれではない）。クラインというのはリーマン一辺倒のドイツの数学者、ディリクレの原理というのはリーマンが発見した非常に簡潔な形の大原理であるが、当時証明法が問題になっていたのである。この文章は強く私の注意を引いた。

同じ本にこういう文章もあった。「エルミットの目は常に内側に向いていた」また、「エルミットの語るやいかなる抽象的概念といえどもなお生けるがごとくであった」

この文章も強く印象に残った。

後に京大の数学科二年のときに、私と私の親友の秋月康夫君とは、丸善へ行ってクライン全集三巻とエルミット全集三巻とを買ってきた。エルミット全集のほうはフランス語だから私たちには読めなかったのである。

しかし第二巻の巻頭にエルミットの読書姿勢が出ている。それを見ていると不思議にポアンカレーのことばがわかってくるような気がする。私たちはその一枚の写真のためにエルミット全集三巻を買ったようなものである。

〔『高３コース』昭和43年8月号より〕

都市計画

近頃東海道を旅して思ったのだが、東京、名古屋、大阪皆同じようである。明治以前には江戸のまち、京のまち、難波《なにわ》のまち皆それぞれの個性を持っていた。どこからこんな違いが出るのだろう。芭蕉に、

秋深き隣は何をする人ぞ

という句がある。これは、知らないが故《ゆえ》に人が懐《なつ》かしくなる秋が、江戸の街々をおおうて深々と来ているというのである。芥川はこの句のしらべを愛して、茫々《ぼうぼう》たる三百年、この荘重の調べを捉《とら》え得たものただ芭蕉あるだけであるといっている。

ところが、かような人の世は、人は一人々々個々別々である。わかって見れば底知れず淋しい。芥川は芭蕉はこの淋しさの情緒を詠《よ》んだのだと思った。それで創作「秋」を書いて、この淋しさを表現している。

しかしこの例は「秋」を読んだ人にはよくわかるだろうが読まない人にはわからないかも知れない。それでもう一つ例を挙げる。

山吹や笠《かさ》にさすべき枝のなり

これも芭蕉の句である。これも知らぬ人の庭の山吹が床《ゆか》しいのであって、基調の色どりは懐かしさの情緒なのである。それを芥川は例によって例の如《ごと》く、人は一人々々個々別々であり人の世の底知れぬ淋しさと取ったらしい。こう歌っている。

越し人
あはれあはれ旅人は　いつかは心安らはん。
垣穂を見れば山吹や　笠にさすべき枝のなり。

芭蕉は真我の人だったのである。真我の人にとっては自然も人の世もすべて自分の心の中にある。他は非自非他といって、知らないが故に懐かしいのである。芭蕉は心の中を楽しく旅したのであった。ところが芥川はそれがわからないから、糞《くそ》やけ道を歩いた大山師だと評している。

仏教では人の心を層に分かって教えている。人の心の一番底を第九識という。ここは一人々々個々別々であると同時に、総《すべ》ての人に共通でもあるのである。この第九識に依存して其《そ》の上に第八識がある。ここはその人の過去一切が蔵されている所である。外界はこの第八識の現われである。この第八識に依存してその上に第七識がある。其の現われが小我である。普通人は自分のからだ、自分の感情、自分の意欲を自分と思っている。これが小我である。理性は小我の外廓《がいかく》である。

人は大脳前頭葉の抑止力によって小我を抑止することが出来る。そうすると第七識を超えて第八識に住むことになる。これを真我といってよいと思う。そうすると人は死ぬものではないということがわかる。また自分と他との関係は非自非他であるということもわかる。また外界は自分の心の現われであるということもわかる。これを阿《あ》頼耶識《らやしき》の悟りというのである。阿頼耶識とは第八識のことである。

私は東海道を旅する前会津若松にいた。そこで野口英世《ひでよ》の生家を見て、こういう人を生んだのは白虎隊《びゃっこたい》の壮烈な死や二本松で世の人に知られずに死んで行った少年隊や婦女隊であると思った。この狭くて鋭い気風を作るには数百年はかかっているだろうと思った。

阿頼耶識の悟りで見れば、各地の千年間の人の営みは、或は桔梗《ききょう》に似た、或は撫子《なでしこ》に似ているだろう。それが明治以前の都市の個性となって出たのだろう。

秋深き隣は何をする人ぞというと、高すぎてわかりにくいかも知れない。ぐっと低くして、何をする人か知らねど菊の花、というと誰にでもわかるだろう。知らない人の庭の菊の花が、それだから一層奇麗に見えるのである。夏の朝、街を散歩すると知らないから懐かしい家々の垣根に朝顔が、その家その家の好みによって、とりどりに咲いている。奥からは子供達の楽し気な声が聞こえて来る。まちの人の心が一つにとけ合っていると、その基盤の上に住宅街がこんなふうにして出来ていく。名物街や一般の商店街も同様であろう。

雨が当たっては困るからぜひ屋根がいる。今は工業がいるから広い道を真直ぐ通さなければならないといったふうなものを必要という。個人の住宅でいえば人は毎日排便するから便所はぜひ必要である。かようなものは劃一《かくいつ》的に作ってしまってよい。しかし部屋は、日本の家の部屋が出来るには千年はかかっているだろう。部屋は必要が作っているのではない。部屋は民族の創造の喜びが作っているのである。

芭蕉の句を芥川のようにとると、欧米人は皆そうではないかと思うのであるが、だから頼れるものは力だけである。力さえ強ければ何をしてもよいとなって、人類の自滅へつづいてしまう。

これを明治以前の人のようにとれば個性の豊かな都市が出来ていく。都市作りはまず心の基盤から作らなければならない。万葉や芭蕉で見ると、日本民族は応分に阿頼耶識の悟りを持っているようだから、この基盤は作り易《やす》いのである。都市は人の世の喜びでなければならない。

〔『勝利』昭和43年8月号より〕

結　新しい時代の読者に宛てて

森田真生

岡潔が亡《な》くなったのは一九七八年、私が生まれたのはその七年後の一九八五年だから、生前の岡を私はもちろん知らないのだが、印象的なフレーズを諳《そら》んじてしまうくらい、彼のエッセイは繰り返し読み返してきた。平易な日本語でまっすぐ「人としていかに生きるべきか」を問う岡の思考に触れていると、借り物ではなく、自分の手許《てもと》にある言葉で繰り広げられる思考の力強さに、いつも目を開かされる思いがする。そして、一度も会ったことがないにもかかわらず、なぜか「懐《なつ》かしい」と感じるのである。

欧米から到来したいわゆる「哲学」が、西洋の古典に明るいわけではない私にはどうしても「余所《よそ》行《ゆ》きの思想」と感じられるのに対して、岡の思想には全身に馴染《なじ》むような懐かしさがある。

私は何も日本の言葉が特別優れていると言いたいのでも、自国の言語体系の中に安住してそれでよしとしたいのでもない。異国の言語を血肉化し、外来の「哲学」をも身体化しようとする努力は尊いものであり、それ自体に価値があることは重々承知のつもりである。ただ、歴史や風土など、身体を制約する文脈から完全に自由な思考が存在しないこともまた事実だ。私たちの思考は想像以上に、生まれ育った「大地」に根を張っている。

たまたま日本に生まれた人は、意識するしないにかかわらず、日本固有の風景や言葉、あるいは蓄積された文化の力を借りている。そういう意味で、思考の生起する舞台は、たぶんに「個人」の外まで広がっている。

数学を支える認知過程もまた個人の肉体、あるいは脳の中に閉じるものではない。岡はそのことを深く自覚していたからこそ、「日本」に拘《こだわ》り続けたのだ。

身体を取り囲む環境を無視した思考は、一見自由なようでいて、まるで根無し草のように頼りない。大地に深く根を下ろしてこそ、思考にも「個性」の色合いが出る。

明治時代に欧米から日本に伝わった数学は、主として近代の西欧世界で育《はぐく》まれたものである。古代ギリシア数学を源流とし、イタリア世界を経由してフランスへと広がっていった数学文化（岡は触れていないが、本来はさらにインドやイスラーム数学の影響も考慮すべきだろう）の基調にあるものを、岡は「ラテン文化の流れ」と呼ぶが（第二章

「私の歩んだ道」「ラテン文化とともに」参照)、岡に言わせれば、これは日本で育まれてきたものとは「全然異質」な文化なのだ。

「ラテン文化の流れそのものが、レンゲの花のようなもので、私にわかりますのは日本的情緒——たとえばスミレの花のようなものだけなのです」と岡は言う。

レンゲとスミレの優劣を云々《うんぬん》するのではない。レンゲにはレンゲの咲き方があり、スミレにはスミレの佇《たたず》まいがある。スミレになるべき種子は、ただスミレとして目一杯咲くよりほかないのである。

岡の「日本」への関心は、普遍性を希求した結果、自然に芽生えたものだ。彼は手放しに日本を礼賛《らいさん》しているのではなく、思考が個人の肉体よりも大きな場所で生起するものだと熟知しているからこそ、自らの思考を支える局所的《ローカル》な条件(特に自分が「日本人であるということ」)に、人一倍自覚的であろうとするのだ。

岡の数学研究は実際、極端なまでに局所的な場所で繰り広げられる。研究が最も捗《はかど》った十年余り(一九三八年から一九五一年)は郷里の和歌山県紀見村(現・橋本市)に籠《こも》り、大学にも属さず、世間とほとんど交渉を持たずに、ただひたすら研究に耽《ふけ》った。さぞ心細い思いもあっただろうが、岡は「壺中《こちゅう》の別天地」と呼んだその土地に深く根を下ろし、そこで数学史に残る創造を成し遂げたのだ。

岡の人生は、数学三昧《ざんまい》だった。何かのために数学をするのではなく、ただ楽しいから、ただそれがたまらない喜びであるから数学をする。そういう人生だった。

多くの人は、数学者は何かのために数学をしているに違いないと想像するだろうが、岡が数学をするのは、何かに役立てるためでも、何かを説明するためでもない。物理学者は自然を説明するために、エンジニアやエコノミストは人の役に立つために数学を用いるかもしれないが、岡はどこまでも純粋に、数学をただそれ自身のために追究している。

岡の数学研究は、後年「自分とは何か」という哲学的な問いへと向かっていくが、この問いの究明すら、彼の数学の「目的」ではない。数学三昧の日々の中、自然と浮かび上がってきたのが「自分とは何か」という疑問であって、数学研究に先立ってこの問いがはっきりと岡の中に像を結んでいたわけではない。

何かのためにではなく、ただそれが喜びだから数学をする。その潔《いさぎよ》い生き方もまた、岡潔という人の大きな魅力の一つだろう。

三昧から自己究明へ

岡は『春宵十話』の中で、自分に至る精神の「系図」を描くなら、「道元禅師、芭蕉翁《おう》、漱石先生、寺田（寅彦）先生、芥川さん、そして私」だと記しているが（日本図書センター版『日本のこころ』所収）、道元がただ坐《すわ》り続けたように、芭蕉がただ俳諧《はいかい》の道を歩み続けたように、漱石がただ小説の創作に耽ったように、岡もまた、ただ数学三昧の日々を生きた。

「ただ数学（あるいは坐禅《ざぜん》、俳諧、文学、物理学）する」という三昧の境地において、本来の「自己」を究明していく。岡の「系図」上の人物たちは、専門とする分野こそ違えど、この点において、互いに同じ一筋の道を共有している。

岡は生涯に十篇の論文を著した。数だけ見れば寡作《かさく》だが、一篇ずつ論文を発表しながら地道に境地を深めていく様は、文学における漱石の歩みを彷彿《ほうふつ》させる。あるいは芭蕉が「名句は名人でも生涯に十句」と語った言葉（89頁）も想起される。真に納得の行く「名作」以外は論文にしようとしなかった岡の場合、発表論文がわずか十篇とはいえ、数学者として十二分に実り豊かな生涯だった。

後にインタビューの中で、「三度大きな意味で数学上の発見をやった」と岡は回想している。その発見の詳細のいちいちをここで取り上げることはしないが、とりわけ彼にとって大きな転機となったのが、七、八番目の論文に結実する「第三の発見」

（一九四六年）だ。

七、八番目の論文は戦争中に考えていたが、どうしてもひとところうまくゆかなかった。ところが終戦の翌年宗教にはいり、なむあみだぶつをとなえて木魚をたたく生活をしばらく続けた。こうしたある日、おつとめのあとで考えがある方向へ向いて、わかってしまった。このときのわかり方は以前のものと大きく違っており、牛乳に酸を入れたときのように、いちめんにあったものが固まりになって分かれてしまったといったふうだった。それは宗教によって境地が進んだ結果、ものが非常に見やすくなったという感じだった。（『春宵十話』第七話「宗教と数学」）

岡はこの頃、本格的な念仏修行に取り組んでいた。戦時中は戦地の同胞と運命を共にする覚悟で研究に向かったものの、日本が終戦を迎えると、それまで「死なばもろとも」と誓い合っていた同胞たちが、醜い食糧の奪い合いを始めたのである。岡は「生きるに生きられず、死ぬに死ねない」気持ちになり、仏教の門を叩《たた》いた（２２１頁）。

世間に背を向け、ただ熱心に念仏を唱える日々の中、岡の心はいつになく澄み渡っていた。「宗教によって境地が進んだ結果、ものが非常に見やすくなった」というのが実感だった。「このときのわかり方は以前のものと大きく違って」いるとも思った。

この発見によって岡の「不定域イデアル」の理論が完成する。これは後に、現代数学を支える最も重要な概念のひとつである「層（sheaf）」の理論に姿を変える。それは、局所的なデータを張り合わせて大域的な対象を得るための、いまや数学では欠くことのできない道具である。

「第三の発見」の成果をまとめた論文は、海外に渡ると世界の先端を走る数学者たちに一級の成果として受け入れられた。岡の名はこれをきっかけにして、世界中に知られることになる。

発見の直後のノートには、「数学ノ出来方ノ不思議サガ段々体験サルルニ従ツテ、遂ニ其ノ本源ガ知リタクナツタ」と記されている（『評伝岡潔　花の章』高瀬正仁著、海鳴社）。

無論、岡にとって「数学の出来方の不思議」への関心は、このとき初めて芽生えたものではない。すでに序章の中でも触れた通り、岡は三高時代にポアンカレの随筆に触れ、数学的発見に伴う心理の不思議に、ただならぬ関心を寄せていた。岡にとって数学研究は、常にそれに伴って動く「心」の探究を孕《はら》むものであった。

第三の発見の経験は、それまでとは比較にならない大きな衝撃を彼に与えた。岡はそれを「情操型の発見」と呼ぶ。それは上から着想が降ってくる「インスピレーション型の発見」とは違い、下から積み上げていくうちに視界が一挙に開けるようなわかり方であった。

エッセイ「こころ」の中で岡は書く。

自然の中に心があるという仮定と、心の中に自然があるという仮定と二つあるわけであるが、これはいちおう、どちらと思っていてもよいであろう。しかし人は、自分の本体は自分の心だと思っているのが普通であるから、どちらの仮定をとるかによって、そのあとはずいぶん変ってくる。

私は十五年前ははじめの仮定を採用していた。しかしいまは後の仮定を採用している。心の中に自然があるのだとしか思えないのである。（１７０頁）

このエッセイが収録された『紫の火花』（朝日新聞社）が発表されたのが一九六四年。その「十五年前」というと、一九四九年頃のことである。岡が「第三の発見」に辿《たど》り着くのが一九四六年で、その成果をまとめた第七論文が発表されるのが一九四八年だから、岡の採用する「仮定」の根本的な転回は「第三の発見」の経験と無縁ではなかったはずだ。

数学研究の深化に伴い、彼の世界観そのものが更新されていったのである。

社会、自然界、法界

本書第三章に収めたエッセイ「絵画」の中で岡は、ユニークな「存在論」を披露している。心が自然に先立つと信じる彼にとって、いまや心に現れるすべてが「存在」である。通常の自然科学が扱うような、時間と空間の中の事物だけが存在ではない。亡き友人の面影、大根畑の趣、あるいは数学的な対象など、いつ、どこにあるかが特定できないようなものですら、心に浮かぶものはすべて岡にとって存在である。その広大な存在の領野を、仏教の言葉を借りて彼は「法界《ほっかい》」と呼ぶ。

自然科学が扱う「自然界」は、法界の中でも時間と空間に制約されたごく一部分にすぎない。法界に比べて自然界は、まるで大海に浮かぶ泡沫《うたかた》のようなものなのだと岡は仏教の言葉を引きながら言う（「自然界の法界にあること、なお大海に一漚《おう》の浮べるが如《ごと》し」140頁）。さらにその自然界の内部に、人が自他の別を拵《こしら》えて作るのが「社会」だ。

法界は全自然界を包含し、自然界は社会全体を含む。しかも、この包含関係の内から外へと向かっていくほど、その対象に関心を集めることが難しくなる。

生きていると、心には色々な事物が現れては消えていく。人それぞれ、その事物に対する関心の持ち方は様々だ。

ある人はおしゃれな靴にばかり目がいく。ある人は自分の評判ばかり気になる。ある人は鉱物に、ある人は絵画に、ある人は神や仏に関心を集め続けてやめない。ただ総じて言えば、普通の人は大半の時間を「社会」の事物に関心を集めて過ごしている。澄み渡る青空よりも自分の悪口が気になるし、移り変わる山の色合いよりも会社の人間関係が気にかかる。

人間は社会を作り、その社会に適応することで、集団として生きていくのだから、社会に関心が集まりやすいのはごく自然なことである。社会の外に、それよりもはるかに広い自然界があるにしてもだ。

ところがふとした瞬間に、関心が移ることもある。勉強をしながら、窓の外の雲の様子に心奪われたり、仕事の帰りに見上げた空の月に見惚《みと》れたり。そうして関心の集まる場所が社会から自然界に移る刹那《せつな》、ぎゅっと肉体の内に閉じていた「自分」が、広がっていくのを感じることがある。

「自分」が他とは切り離された肉体の中にあるという感覚は、社会を生きていくための方便である。確かにそれは必要な便宜かもしれないが、ずっと続けるには窮屈である。そこでときに人は、自然界の方に目を転じ、心を少し広い場所に解き放つのだ。

社会の事物に関心を集めていれば、自他切り離された自分の感覚が立ち上がり、自然の事物に関心を集めれば自他通い合う自分の感覚が立ち上がる。「自分」の感覚は結局、心に浮かぶ事物への関心の集め方に応じて変容する。

だから、「人本然の生き方において、自分といえば、現在心を集中しているその場所のことをいう」（50〜51頁）のだと岡は説く。どこか特定の場所に、動かぬ自分があるのではなくて、関心の集め方、心の集中の仕方に応じて、自分は小さくもなれば大きくもなり、肉体の内側にあることもあれば、外に漏れ出していくこともある。「うちなびく春来《きた》るらし山の際《ま》の遠きこぬれの咲きゆく見れば」と歌うとき、人の心は遠く花咲く山の方へ流れ出している。花が向こうで咲いて、自分がこちらで嬉《うれ》しいのではない。咲く花がそのまま自分の喜びなのだ。「自分」は本来、かくも変幻自在なのである。

内外二重の窓

数学は、日常とは違う、非常に特殊な対象に関心を集め続けることを人に求める。そもそも数や図形は「いつか、どこかに」あるものではない。「3」という数は、どこにあるだろうか。3個の椅子《いす》や3本のペンはあっても、「3」という数それ自体は、どこを探しても見つからない。それでも「3＋4＝7」と計算するとき、私たちの心の中には「3」という数がありありと現れているだろう。見える、聴こえる、とは違った形で、数は確かに心の中で実在感を帯びている。

数や図形に限らず、数学の扱う対象は、すべてこうした意味で、時間、空間の外にある。岡の言葉で言えば法界の対象である。

すでに述べた通り、社会に比べて自然界の方が関心を集めるのが困難だ。ましてや、法界に対してはなおさらである。数にしても、図形にしても、法界の対象は五感に触れてこない「姿のないもの」だからだ。だが、そこにずっと関心を集め続けていると、次第に「姿のないもの」が「姿」を現してくる。

数学の本質は禅師と同じであって、主体である法（自分）が客体である法（まだ見えない研究対象）に関心を集め続けてやめないのである。そうすると客体の法が次第に（最も広い意味において）姿を現わして来るのである。（１３７頁）

岡潔に出会うまで、私はこんな風に数学を語る言葉を知らなかった。数学の本質は、理論の構築でも難問の解決でもなく、「主体である法が客体である法に関心を集め続けてやめない」ことだというのである。それも、社会や自然界の事物ではなく、自他分別と時空の枠すら超えた法界の対象に、ただひたすら関心を集め続けるのだ。繰り返し述べてきたように、「自分」のありようは、心に現れる事物に対する関心の集め方に応じて変わる。数学をしているとき、人は社会や自然界ではなく、法界の対象に関心を集める。はじめはとにかく「重量的な精神集中」の連続である。その訓練を続けていると、やがて精神集中が「深い精神統一」に変わる（５７頁）。それに伴い「自分」の感覚も大きく変容していく。

法に精神を統一するためには、当然自分も法になっていなければならない（中略）。そうするといわば内外二重の窓がともに開け放たれることになって、「清冷

の外気」が室内にはいる。(139頁)

人は普段、肉体という窮屈な場所が、自分の居場所のすべてであるかのように思っている。だが、関心を自然界の方へ、あるいは法界の方へ広げていけば、それに応じて自分の在処《ありか》も変わっていく。そうして、大きく解き放たれた自分の感覚は、まるで清く冷たい外気が吹き込むように爽《さわ》やかなのだと岡は語る。

思えば私が初めて岡のエッセイに巡り合ったとき、最も心躍ったのがこの「清冷の外気」の一節だった。当時大学に入ったばかりの私は、それこそ「内外二重の窓」に閉ざされた息苦しさを嫌というほど感じていたからだ。

通常の自然科学的世界観に基づけば、この宇宙は物質の集合体だ。「生命」や「心」も、物理法則に従って運動する目に見えない無数の素粒子が織りなすパターンにすぎないものとみなされ、これほどありありと「私」の前に現れているように感じられる世界も、所詮《しょせん》は脳内の物質運動が生み出す幻想なのだと諭される。

人は無意味な物質の運動の中から生成し、また無意味な物質の運動に還《かえ》っていく。だとすれば、自分の一生にどれほどの意味があるだろうか。肉体に閉じ込められ、やがて肉体とともに滅びていくはずの「私」と、それを取り囲む茫漠とした宇宙の間を、固く閉じた「内外二重の窓」が阻《はば》んでいる。それが、当時の私の実感だった。
岡の言葉はそんな私に、それまで想像もしなかった鮮烈な展望《ヴィジョン》を提示した。人の心は肉体を超えて融通するもので、本当の「自分」は、肉体に束縛された社会的な「個人」よりも広い。私は岡の言葉に、それこそ爽やかな外気に触れるような感動を覚えた。

科学は現代人にとって欠くべからざる知的探究の様式であるが、それは私たちが生きて行くためのヴィジョンまでもは提供しない。そもそも、不必要な仮定、無根拠な信念を除外することは科学的知見を積み重ねていく上で不可欠な態度だろう。だから、心や生命といった、いまだ科学的に解決されていない現象について、無闇《むやみ》な推論をすることはよしとされない。

だが、人は科学的知見のみでは生きていくことができない。科学的知見を日々積み重ねていきながらも、同時に、科学の外にも生きて行くための足場が必要だ。何かしら信じるに足る、コミットするに足る「世界像」なしに、人は生き甲斐《がい》を持って生きることはできないだろう。

一九六五年に岡潔と京都で対談したときに、小林秀雄が「岡さんのお考えは、理論とは言えない、一つのヴィジョンですね」としみじみと語る場面があるのだが（『人間の建設』新潮文庫)、私はまさに岡のヴィジョンに、人生が変わるほどの衝撃を受けたのである。実際、岡のエッセイに出会ったことをきっかけとして、文系から数学の道へ転向し、文字通り私は人生を変えてしまったのだ。

情と情緒

岡が自らのヴィジョンを言葉にしようとするときに、中心に据えたのが「情緒」という言葉である。ただし、エッセイ「こころ」の中で『情緒』という言葉を作った」(171頁)と記している通り、彼は使い古された「情緒」という語をそのまま使い回すのではなく、そこに新たな意味を吹き込んでいこうとする。

人の主体は情らしい。私はそう思ったから、この情を精密に見ようとして「情緒」という言葉を作ったのである。この言葉は前からあるが、内容はそれとはだいぶちがう。(171頁)

岡は、「情」を精密に調べるために「情緒」という言葉を作ったのだという。それでは「情」とは何か。「情」と書いて「こころ」と読ませることもあるが、これはかなり微妙なニュアンスを持つ日本語である。

フランスには情という言葉はない。和英によると、英米にも情という言葉はない。ある米人の妻となっている日本女性は、soul（魂）というのが情であるといったが狭すぎる。人と人との間にsoulが通い合うだろうか。（１０２頁）

情が湧《わ》く、情が移る、情が通い合う。情はいとも容易《たやす》く「私」の手元を離れる。「私（ego）」に縛られた「魂（soul）」や「心（mind）」に比べると、それは自在に自他の壁をすり抜けていく。

関心の集め方に応じて変容していく「自分」の様子を描き出すには、たしかに「情」が「心」や「魂」よりも適切な言葉だろう。

自他を超えて通い合う情を踏まえた上ではじめて、「個性」は成り立つというのが岡の考えだ。自他切り離された個体の中に閉じ込められた別々の心が最初からあるのではない。自他に通底する情がまずあり、それが森羅万象においてそれぞれの色どりとともに現れる。その「情の色どりが情緒」（１０２頁）なのだと岡は言う。

「最終講義」(第一章)の中で岡は「情」と「情緒」の使い分けについて、次のようにも説明している。

全体としての情と、その中の森羅万象の一つ一つとしての情と、いい分けないと不便です。ですから、松なら松、竹なら竹という、個々の情を私は情緒といっている。(44頁)

自他を超えた情を踏まえた上で個に着目するとき、そこに立ち現れるのが「情緒」の世界だ。情緒とは、情の局所的な様相のことである。岡にとって「自分」とは、常に全体を踏まえた上での個体であり、情の裏打ちのある情緒だ。それを彼は、大木の先に生えた葉にたとえる。

ここに、一本の木があるとします。この木に一枚の葉があるとする。このとき、葉が生きているのは、木が生きているからですね。葉からすれば、本当は自分は木だ、ともいえます。しかし葉は、あくまで一枚の葉としての役割しか行っていない。だから、木全体が自分だというのはいい過ぎです。

人というのは、大宇宙という一本の木の、一枚の葉のようなものです。だいたいそう見当をつければよいでしょう。（３８〜３９頁）

肉体とともに生滅する自分は、まるで木の葉のようなものだ。それは、季節の移り変わりとともに芽生えては散る。だが、その葉を葉ならしめている水や養分は、大地から根や幹を通してやってくる。

葉は木そのものではない。が、木がなければ葉もあり得ない。葉が常に木とともにあるのと同じように、人もまた「全体から切り離されない個体」だ。

自分が葉であるとともに木でもあると知ること。自分が全体に属する個体であると気づくこと。そこに「懐かしさ」の感慨が生じる。

ここで言う「懐かしさ」とは、過去への憧憬《しょうけい》のことではなく、周囲と通い合う心の実感のことである。木から切り離されない葉としての自分。常に大地から生命を受け続ける個体としての自分。その全体と個体の連関を実感するとき、人は「懐かしい」と感じる。しかも、懐かしいということは、それだけで嬉しい。

「人間の心の二元素は懐かしさと喜びだ」と喝破する「最終講義」は、そんな岡が大学生たちに宛《あ》てた、渾身《こんしん》のメッセージである。

岡は京都産業大学で開かれたこの講義において、年度末に必ず、学生たちにレポートを書かせたそうである。自由なテーマで作文をさせて、そのレポートを丁寧に読み込んで評価した。

すると、自由作文とはいえ、どの学生もみな口々に「来る日も来る日も生き甲斐が感じられない」と訴えているように感じられた。彼にはそれが大きなショックであった。そこで岡は、何とかして若き学生たちが、日々の中にある当たり前の喜びに目覚めるようにと、人間について、人間の心について、様々な角度から話題を提供していく。

人の苦しみの多くは、喜びを自力で生み出そうとするところから来る。肉体の内だけが自分だと信じる「個人主義」に立つ限り、喜びもまた、自前で生み出すほかないものになる。ところが、本来、人は肉体の内部に閉じていない。葉が葉だけでは生きられないのと同じように、「自分」もまた肉体を超えた周囲に支えられている。喜びもまた、自力で生み出すばかりではなく、本当は他から与えられるもの、湧き出してくるものなのである。

美味《うま》い、気持ちいいというのは、脳内の物質現象である。そういう「興奮」ならば、自力で生み出せるかもしれない。だが、脳は興奮にすぐ慣れるから、同じ快楽を得るために、ますます強い刺激が必要になる。刺激を得るには金も必要だろう。そうして、個と個の間の醜い奪い合いと競争が始まる。

ところが、湧き出す喜び、自他を超えて通い合う喜びには限りがない。夢中になって子どもを抱きかかえる母、真剣になって数学に没頭する時間、我を忘れて雲を見上げているひと時。小さな自分を離れ、心が肉体の外へと広がっていくとき、人は自分でそうとも気づかないまま幸福なのだ。他から切り離された自分の快楽をどこまで追求しても、最後は虚《むな》しくなるだけである。なぜなら葉そのものには、あるいは肉体の中の自分だけには、喜びの根拠がないからである。

こうした言葉を学生たちに語りかけながら、岡は懸命に「新しい宇宙像と人間像」の建設に向かった。彼が夢見ていたのは、生きることが当たり前に嬉しいと思えるような、そういうヴィジョンの創造だった。

講義と並行して、彼は『春雨の曲』と題した原稿の執筆にも取り組み始める。それは彼の壮大なヴィジョンの文学的な結晶となるはずのものだったが、改稿に改稿を重ねながらも、結局最後まで完成することはなかった。

一方、「最終講義」のもととなった京都産業大学のレクチャーの記録は、岡潔の次女にあたる松原さおりさんにより大切に保存されてきた。講義そのものは一九六九年に開講したが、岡が当時の書生（三上昭洋氏）に依頼し、七一年度第四回の授業から録音が始まった。全百七十三回、二百六十時間に及ぶその膨大な録音テープを、生前の岡を知る松澤信夫氏が文字に起こした。さおりさんはこれらのテープを繰り返し聴きながら、何年もかけてその文字起こし原稿を仲間とともに正確に校正する作業を続けてきた。当時の録音なので、音声は決して聞き取りやすいものではなく、正確な文字起こしはそれだけで一大事業だったはずである。

二〇一三年の夏、私は岡潔が晩年を過ごした奈良の自宅で、さおりさんと、岡潔のご長男でさおりさんの兄・岡熙哉《ひろや》さんご夫妻と、時を忘れて語り合った。手入れの行き届いた庭を眺めながら、まるで夢の中のひとときのような時間を過ごした。そのとき、間近で岡潔を見続けてきた家族の口から、直接岡潔の人柄、生活、思想について、貴重なお話をたくさん伺うことができた。

特に印象的だったのが、さおりさんが繰り返し父から聞かされたという言葉である。曰《いわ》く、岡は何度も子どもたちにこう語ったのだそうだ。

「何かやりたいこと、成し遂げたいことがあったら、一生それを思い続けなさい。それでダメだったら、二生目も、三生目も思い続けなさい。そうすれば、やがて必ず実ります」

父の言葉を回想するさおりさんは、心底その言葉を信じている様子だった。二生目、三生目など、それまで考えてもみなかった私も、何だかにわかに、自分の命が本当に二生目、三生目まで続いているのではないかという感覚に襲われて、悠久の時の中を漂っているような不思議な心地になった。

このときの出会いがご縁で、講義テープをダビングしていただき、それを繰り返し聴く機会に恵まれた（講義テープをすべてダビングしてくださった松尾善三郎氏のご尽力には、この場を借りて感謝の意を表したい）。実際に聴いてみると、一回の講義の中でさえ話題はあちこちに飛ぶから、意味が取りにくいこともしばしばだった。が、何度も聴くうちに、次第にわかるところも増えてきた。受講生になった気持ちで私は、テープを聴きながらノートを取った。そうして講義の内容を自分なりに整理する作業を始めたのである。

第一章の原稿は、このときのノートのうち、一九七一年度の全二十回分（第四回から第二十三回）の講義の内容を整理したものがもとになっている。そのため、岡の講義そのものとは話の順序や構成が違うし、分量を大幅に圧縮するために内容の取捨選択をせざるを得なかった。私自身の理解のフィルターが入っているため、場合によっては岡自身の意図を汲《く》み取れていない箇所もあるかもしれない。それでも、岡が情熱を持って学生たちに伝えようとしたメッセージの片鱗《へんりん》だけでも、感じ取ってもらえたらと思う。

第三章には、岡の著書の中から選んだ「情緒」をめぐる一九六〇年代のエッセイをいくつか収録した。どれも一般の読者に向けて平易な言葉で綴《つづ》られた文章ではあるが、内容は生易しいものではない。

そもそも彼は「情緒」を主題としながら、それを定義しようとしない。エッセイ「いのち」の中で彼は、「情緒というのはもともと定義のないことばなのです」（216頁）と開き直っているくらいだ。

序章でも述べた通り、明確に定義された語彙《ごい》を用いて理論を構築していくのではなく、未定義の言葉を使いながら、少しずつその言葉に内容を与えていくのが岡の方法である。理路整然とした体系を追うというよりも、岡の生きた思考に「巻き込まれる」ような読書体験になるかもしれないが、ぜひ存分に岡の思考世界に浸ってみてほしい。

情緒の原風景

何度も強調している通り、岡の情緒の思想は、彼の数学研究を通して育まれたものだ。その原点には、パリ留学の経験がある。

岡は一九二九年に「生涯を懸けて開拓すべき数学的自然における土地」を求めてパリに渡った。二十九歳のこのとき、彼はまだ、生涯を懸けるに足る研究テーマに巡り合っていなかったのだ。それを見つけることが、留学の最大の目標だった。

フランス文化に対する強い憧《あこが》れを抱きながら現地に辿り着いた岡は、そこで図書館に通い詰めて勉強をする。そして実際、一生を捧《ささ》げるに値する研究テーマをしっかり見つけて帰って来るのだ。

だが、それ以上に彼の人生にとって決定的だったのは、留学先で出会った中谷治宇《なかやじう》二郎《じろう》との交流である。治宇二郎は、雪の結晶の研究で有名な科学者・中谷宇吉郎の弟で、岡よりも一つ年下の考古学者だ。考古学の分野で一旗あげようと、すでにパリにいた兄を頼りに彼が妻と子供二人を日本に残してフランスに渡ったのは、ちょうど岡がパリに到着したのと同じ年である。

治宇二郎と岡はすぐに意気投合した。「私は治宇二郎さんによって親友とはどういうものかを実際に知った」(110頁)というほど深い友情が二人の間に芽生えた。

岡が「日本人として」数学をするということを後年強く意識するようになった背景

にも、治宇二郎がいる。日本に本当の文化が興《おこ》るためには、学問においても「日本は日本の行方《いきかた》をしなければならぬ」というのが治宇二郎の信念だった。

それでは「日本の行方」で数学をするとはどういうことか。これは極めて難しい問題だ。日本には江戸時代に「和算」という独自の数学文化があったものの、明治時代に流入してきた近代の西欧数学に相当するような学問体系はなかった。にわかに到来した「洋算」の文化を、日本人として継承していくにはどうすればよいか。岡はこの難題に正面から取り組み、やがて道元、芭蕉、漱石らを道標として、およそ常識とは懸け離れた仕方で数学を語り、実践していくことになる。

留学と、そこで出会った治宇二郎との交流は、岡の思想の原点だった。私はそのように考え、第二章に、岡が留学時代と治宇二郎との友情を振り返りながら書いたエッセイを収めた。

治宇二郎との友情の記憶で、岡にとってひときわ深く印象に刻まれたのが、パリ西郊外の街サンジェルマン・アン・レイで過ごした思い出である。

私と妻とは夜は暖炉に火をつける。それが景気よく燃えつくと棒でこつこつと天井を突く。そうするとこの合い図を心待ちにしていた治宇さんは、どてら姿で二階から降りてくる。私たち三人は暖炉を囲む。

（中略）サンジャルマン・アンレーは楽しかった。そしてそこでの暮らしを思うと、いつも暖炉の火を思い出す。（88〜89頁）


サンジェルマン・アン・レイは私も訪ねたことがあるが、光の美しい閑静な街だ。岡が妻のミチや治宇二郎と寝泊まりした下宿の建物も住宅街の一角に残されていて、あたりにはカフェや小洒落《こじゃれ》た雑貨屋が並んでいる。パリから電車で三十分ほど離れた郊外のため、観光客も少なく静かなところだ。

サンジェルマン・アン・レイ駅のすぐ横には十二世紀に要塞《ようさい》として建造された城があり、傍に美しい庭園が広がっている。庭の並木道を抜けると眺望が開け、眼下にセーヌ川、さらに向こうにはパリ全景が見晴らせる。岡はこの長閑《のどか》な風景に抱かれながら、治宇二郎との友情の日々を謳歌《おうか》したのだ。

もちろん、留学の収穫は友情ばかりではなかった。すでに述べたように彼はそこで専門とすべき研究分野を見出《みいだ》した。彼が選んだのは「多変数解析関数論」の道だ。

帰国後、一九三五年には、本格的に研究に着手し、多変数解析関数論の道を切り開くべく、「ハルトークス（岡は「ハルトッグス」とも記す）の逆問題」と自ら命名した問題を解くことを当面の大目標として心に決める。ところがその決意の翌年、治宇二郎が亡くなる。

もともと病気がちだった治宇二郎が病床に伏したのは、フランスに渡って三年目の夏だった。留学中は岡も妻と二人で献身的に支えたが、やむなく治宇二郎は留学を中断し、三人は同時に帰国。足掛け五年に及ぶ療養生活を経た後の別れとなった。「治宇二郎さんは一九三六年三月に亡くなったが、このあと私は本気で数学と取り組み始めた」と岡は『春宵十話』の中で回想している。

岡の第一論文が受理されたのは、治宇二郎の死後間もなくのことだ。世間に背を向け、徹底的に数学の道を突き進んでいくのはその後のことである。

一九三八年には広島文理科大学を休職して紀見村へ帰郷。一九四〇年には大学を正式に辞職し、事実上無職となった。この頃、岡自身はもちろんのこと、家族もまた極めて貧しい暮らしを強いられた。それでも社会を顧みることなく、岡はただひたすら「法界」の方を向いて研究に没入した。その地道な日々の積み重ねが、やがて彼の心の「内外二重の窓」を開け放ち、「清冷の外気」を呼び寄せたのである。

新しい時代の読者へ

岡は数学を通して自らの心の窓を開け放つ道を見出したが、その彼が残した言葉に触れるとき、私もまた、心が大きく開かれたような清々《すがすが》しい気持ちになる。

文系で大学に入学し、数学とはまったく無縁な生活をしていた私は、二十歳を少し過ぎた頃に彼のエッセイに出会い、数学の世界に導かれていった。数学だけではない。岡の言葉を通して私は、道元や芭蕉、漱石の世界にも引きつけられていった。そして何より、自分の心は周囲と通い合うものであること、その通い合う心からこそ、生きる喜びが湧き出してくるのだということを学んだ。

私と同じように、心の窓をパッと開かれるような喜びを一人でも多くの人に味わってほしいという思いで、私はこの選集の編纂《へんさん》作業に取り組んだ。これから現れる新たな読者は、きっといままでになかった新しい洞察を岡の言葉から汲み出していってくれるに違いない。

私自身もこの選集に先立って、拙著『数学する身体』（新潮文庫）の中で、岡の思想を数学史の大きな流れの中に位置付けて読み解く試みをした。これも、現代的な観点から岡の思想を把握しようとした私なりの挑戦である。

他にも岡潔自身の著書、あるいは岡潔について書かれた著作は複数ある。岡のデビュー作にして代表作でもある『春宵十話』は、中でも外すことのできない一冊だ。すでに複数の出版社から文庫として出版されていて入手もしやすいので、あえて本書に収録することはしなかったが、岡潔の生涯と思想の概要がコンパクトにまとめられているから、関心のある読者にとっては必読だ。

岡の伝記としては、岡潔研究の第一人者である九州大学の高瀬正仁教授による評伝三部作（『評伝岡潔　星の章』、『評伝岡潔　花の章』、『岡潔とその時代―評傳《ひょうでん》岡潔　虹の章』）が圧倒的な情報量を持つ。同じ高瀬氏による新書で、岡の数学三昧の人生を描く『岡潔　数学の詩人』（岩波新書）もある。私自身、高瀬氏の著書を通していつも岡潔について多くのことを学ばせてもらっている。

少し毛色の変わったものとしては、岡潔と小林秀雄の対談を収めた『人間の建設』も名著だ。小林秀雄の見事な手際《てぎわ》で、岡の思想が、彼自身の著書とは違った角度から浮き彫りにされている。

近年、この他にも続々と岡の著作の復刊や選集の刊行が続いている。岡潔への注目が再び高まってきている証拠だろう。

本選集の実現にあたっては、多くの方にお力添えをいただいた。特に、「最終講義」のもととなった講義テープとその文字起こし原稿のみならず、当時の新聞・雑誌記事や、岡潔の写真など、関連資料を快く提供してくださり、本選集の編纂をあたたかく支援してくださった岡熙哉さん、松原さおりさんご兄妹にはこの場を借りて深く御礼を申し上げたい。本当にありがとうございました。

回想するためでなく、生み出すために。懐古するためでなく、創造するために。そういう気持ちでこの本を手にとる新たな時代の読者との出会いを、私は心から楽しみにしている。

年　譜

一九〇一年（明治三十四）　四月十九日、大阪市東区島町（現在の中央区島町）に坂本寛治と八重の長男として生まれる。父・寛治は予備役の陸軍少尉だったが、日露戦争で召集され、大阪に勤務していた。

一九〇四年　春、父の出征を前に、父の郷里・和歌山県伊都郡紀見村大字柱本小字紀見峠（現在、橋本市柱本）へ移る。

一九〇七年　四月、柱本尋常小学校に入学。

一九〇八年　寛治が保険外交員を始めるため大阪市へ転居。潔はこれに伴い小学二年生で大阪市北区菅南尋常小学校へ転校。

一九一一年　春、兵庫県芦屋市打出に転居。昆虫採集に熱中する。

一九一二年（大正元）　祖父・岡文一郎が発病し、寛治が岡家を継ぐため帰郷。潔は小学六年生で再び柱本尋常小学校へ転校。姓が「岡」に替わる。

一九一三年　和歌山県立粉河中学校を受験するも失敗。四月、紀見尋常高等小学校高等科へ進む。

一九一四年　粉河中学校入学。テニスに熱中する。

一九一六年　中学三年の二学期にW・K・クリフォード著、菊池大麓訳の『数理釈

一九一九年　義』を読み「クリフォードの定理」に「数学というもののもつ深い神秘感を初めて体験した」。

九月、旧制第三高等学校理科甲類入学。ポアンカレの随筆を夢中になって読む。

一九二二年　京都帝国大学理学部入学。一年目は物理志望で、「主として物理学を学修するもの」として登録される。

一九二四年　三年生に進級。この年度から登録が「主として数学を学修するもの」に変更された。

一九二五年　京都帝国大学理学部を卒業し、四月から京都帝国大学理学部講師に。ミチと結婚。

一九二七年　四月、第三高等学校講師を兼任。
（昭和二）

一九二九年　四月、京都帝国大学理学部助教授に。フランスに留学。パリ大学ポアンカレ研究所に通う。物理学者、中谷宇吉郎とその弟の考古学者、中谷治宇二郎と出会い親交を深める。生涯を懸けて取り組む研究分野として多変数解析関数論の世界を選ぶ。

一九三二年　三月、広島文理科大学助教授に。

一九三五年
五月、留学を終え帰国。
七月二十一日、長女すがね誕生。
「ハルトークスの逆問題」の解決を目指し、研究記録を書き始める。中谷宇吉郎の招きに応じ、夏休みを札幌で過ごし、そこで「上空移行の原理」を発見（第一の発見）。

一九三六年
二月二十一日、長男熙哉誕生。
三月二十二日、中谷治宇二郎没。
五月、第一論文が広島文理科大学の紀要に受理される。
十二月、第二論文が同紀要に受理される。

一九三八年
一月、第三論文が同紀要に受理される。
六月、広島文理科大学助教授の休職が決まる。帰郷。

一九四〇年
三月、第四論文と第五論文が日本数学輯報に受理される。
六月、広島文理科大学助教授を辞職。「関数の第二種融合法」を発見（第二の発見）。後、第六論文に結実する。
十月、京都帝国大学から理学博士の学位を授与される。

一九四一年
八月十三日、次女さおり誕生。
十月、第六論文が東北数学雑誌に受理。北海道帝国大学理学部研究補助

一九四二年　員を嘱託される。単身で赴任。
　　札幌で不定域イデアルの研究に着手。
一九四五年　十一月、北海道帝国大学理学部研究補助員を辞職。退職に先立ち帰郷。
　　紀見村で終戦を迎える。
一九四六年　夏、念仏を唱える日々の中、「第三の発見」に至り不定域イデアルの理論が完成。
一九四八年　十月、第七論文がフランス数学会の会誌に受理される。
一九四九年　奈良女子大学教授に就任。
　　三月、第八論文が日本数学会の欧文誌に受理される。
一九五一年　四月、紀見村を離れ、奈良市法蓮佐保田町に転居。
　　五月、日本学士院賞を受賞。
一九五三年　十月、第九論文が日本数学輯報に受理される。
一九五四年　一月、朝日文化賞を受賞。
　　四月、京都大学理学部非常勤講師を兼ねる。
一九六〇年　十一月、文化勲章受章。
一九六二年　四月、毎日新聞で「春宵十話」の連載が始まる。
　　九月、第十論文が日本数学輯報に受理される。

一九六三年　二月、最初のエッセイ集『春宵十話』を毎日新聞社から刊行。
十一月、毎日出版文化賞を受賞。

一九六四年　三月、奈良女子大学を定年退官。京都大学非常勤講師退職。
四月、奈良女子大学名誉教授、奈良女子大学非常勤講師に。

一九六五年　十一月、胃潰瘍のため二カ月余り入院、胃の五分の四を切除。

一九六六年　奈良市高畑町に転居。

一九六九年　四月、京都産業大学理学部教授に就任。教養科目「日本民族」を担当。
十月、最後（十二冊目）のエッセイ集『神々の花園』を講談社現代新書から刊行。

一九七〇年　『春雨の曲』の執筆を始める（改稿を重ねながら死の直前まで書き続けられたが、未完に終わる）。
一月二日、軽い心不全を起こす。

一九七八年　一月十日、京都産業大学で最後の講義を行う。
三月一日午前三時三十三分、死去。
五月二十六日、妻ミチ死去。

本年譜作成にあたって『情緒の教育』（燈影舎）収録の松原さおりさんによる年譜と、『岡潔数学の詩人』（岩波新書）並びに『評伝岡潔　星の章』（海鳴社）収録の高瀬正仁氏による年譜を参照した。

解説　情緒という原風光

魚川祐司

岡潔さんの文章には、せせらぎの水音のようにその底流に響き続ける、独特のしらべがある。本書の編者である森田真生さんと同様に（275頁）、私も自分が生まれる前に亡《な》くなっている岡さんの綴《つづ》る言葉に「懐《なつ》かしさ」が感じられて仕方がないのだけど、それはおそらく、彼の文章に遍満するそのメロディに共鳴する一片が、どこか私にもあるからだろう。

この岡さんの言葉の全《すべ》てに伴うメロディ（しらべ）こそ、本書でも繰り返し言及される彼の「情緒」であり、そして岡さんの文業全体の中心的関心は、一にかかってこの「情緒」をいかに読者に伝えるかということに貫かれている、と言っても決して言い過ぎではないかと思うが、ならばその「情緒」とは何であるかということになると、途端に話は難しくなる。森田さんも指摘しているとおり（298頁）、岡さんはこの「情緒」という用語を必ずしも明確に定義しておらず、時には「情緒というのはもともと定義のないことばなのです」と、開き直りすらするからだ。

実際、本書に収録されているその名も「情緒」というエッセイの冒頭で、彼はその用語について説くことを「押切って出来るだけやってみる」と宣言しているから（173頁）、これを初めて読んだ時には、私も「ようやく、あの捉《とら》えがたい『情緒』という用語の定義が明らかになるのか」と、ずいぶん期待したものである。だが、読み進めていっても、その先にあるのは芭蕉《ばしょう》などの詩句の引用と、そこから流れ出す岡さんの個人的な随想が主であって、たしかに話の軸が「情緒」にあるのはわかるものの、その叙述は整然とした体系的なものとはとても言えないし、問題の用語の明瞭《めいりょう》な定義も最後まで出てこない。それでいて、「これで『情緒』とはどういうものかおわかりくださったと思います」とくるのだから（188頁）、これに対して「いや！　わからないから！」と思いきり突っ込んでしまったのは、きっと私だけではないと思う（と、信じたい）。

もちろん、これも森田さんが的確に指摘されているとおり（13頁）、明瞭に定義された用語を整然と運用して閉じた体系を形成するといったことは、思想家としての岡さんのスタイルでは全くなく、むしろ未定義ではあっても実感に裏打ちされた言葉によって、試行錯誤しながら思索を進めてゆく彼の叙述と「ともに考える」ことが、岡さんの文章を読む醍醐味《だいごみ》そのものではあるだろう。ただ、初めて右のテクストを読んだ時の私のように、著者の言葉を裏打ちする実感を、自分の側の実感で迎えとることに躓《つまず》いてしまう読者たちも、ひょっとしたら多少はいるかもしれない。

そんなわけで、以下では野暮と蛮勇を承知の上で、岡さんの言う「情緒」の内実について、彼の様々なテクストを読んできた経験から、補助線をいくつか引きつつ、いま私が理解しているところを述べてみたい。なんといっても本稿は「解説」なのだし、そうであれば少しくらいは「説明」をしても、許していただけるであろうから。

さて、ちょっと乱暴だが最初に簡潔な定義を与えてしまうと、岡さんの言う「情緒」とは、基本的には「色どりを伴ったこころのはたらき」のことである。これ自体は彼が本書でも「私はこころと言うと、何だか色彩が感じられないように思ったから、『情緒』という言葉を選んだのである」と言っているのを（174頁）、少しパラフレーズしただけで、何も特別な読みではない。つまり、「情緒」というのは基本的には「こころ」と重なるものなのだけれど、「こころ」という言葉に岡さんは色彩を感じなかったから、それが感じられる「情緒」という用語を選択したということだろう。彼は別の文章でも、そういう趣旨のことを何度か述べている（たとえば、『一葉舟』、角川

ソフィア文庫、103頁)

ただし、ここで「なるほど、では情緒とは、おおむね心のことなのだな」と素朴に考えてしまうと、これは躓きのもとになる。本書にも述べられているように、たいていの人は「自然以外に心というものがある」と思っているから(169頁)、心と言われると、それは自然の中にある個人の内に「ばらばらに閉じこめられてある」(同)ものだと考えて、いわゆる「客観的自然」とは、切り離されたものだと思いなしてしまいがちだからである。

だが、もちろん岡さんの理解はそういったものではない。彼には「心の中に自然があるのだとしか思えない」のだから(170頁)、自然は心と切り離されたものではなく、むしろそのあらわれである。だからこそ、「私たちが緑陰をみているとき、私たちはめいめいそこに一つの自分の情緒を見ている」(188頁)ということも言えるわけだ。このように、自然と別にあるのではなく、むしろそれを包摂するような岡さんの言う「こころ」のことを、以下では個人の内に閉じこめられた一般的なイメージにおける「心」とは区別して、ひらがなで記すことにしておこう。

ここまでは、岡さんの思想の前提をとりあえずでも受け入れれば、さほどに難しい話ではないだろう。彼の言う「こころ」が右に述べたとおりのものだとすれば、それはたしかに個人の「内面」に閉ざされたものではなく、自然界のようないわゆる「外界」も、その表現にほかならないということになる。そして、その「こころ」が色どりを伴うのが「情緒」だとするならば、「すみれの花はいいなあと見るのが情緒」だと彼が言うのも（２０８頁）、なるほどと頷《うなず》かれることだろう。

ただ、ここからが厄介なところなのだが、この「色彩」や「色どり」という岡さんの表現を、私たちはしばしば喜怒哀楽といった自分の感情の波のことだと理解してしまいがちである。なにしろ「情」や「情緒」というのは（岡さん自身も意識しているとおり）そもそも「感情」と縁の深い言葉なのだから、たいていの人がそのように考えるのは自然なことだろう。しかし、彼はその点に関しては明確に否定している。

とくに情緒（感情の意味が自然に盛られている）でいいますと、これは喜怒哀楽の波とお思いでしょうが、喜怒哀楽も悪いものばかりとはかぎりません。しかし、ふつうは悪いのでこれは邪智なのです。これは情緒と呼ぶべきではなく、情緒の濁りと呼ぶべきものなのです。（２１５～２１６頁）

ここは難しいところである。いわゆる「外界」すらこころの表現であるとするならば、自身のその時の喜怒哀楽の感情の波によって、同じものでも美しく見えたりそうでなく見えたりするといった変化のあることは、私たちの日常生活でも普通に経験することである。そのように、喜怒哀楽の色彩を伴って認知される現象（こころのあらわれ）が情緒なのだと言われるならば、わかりやすい。しかし岡さんはそうではないと言うのだけど、では「すみれの花はいいなあと見る」というのは、「喜怒哀楽の波」とは別の領域の話なのだろうか。

この点について考えるために、一つ補助線を引いてみよう。岡さんは、「もののよさ」を私たちがわかるということにまつわる機微について述べる際に、しばしば「眼を開けば見える」という事態を例に引く。たとえば本書では、岡さんは次のように言っている。

しかし、眼を開いて下さい。今は夜ですが、昼だと想像して下さい。前の山が見えるでしょう。この見えるという簡単な言葉の内容は実に複雑微妙でしょう。

まずいろいろな色が見える。これは感覚である。この感覚の内容が既に人によって大分違うらしい。画家は一般に常人より優れた色彩感覚を持っているらしい。また眼根の無明をとれば、無明が段々薄くなって行くにつれて、色彩は段々鮮かになって行くのである。（148頁）

右の引用箇所の前後で、岡さんは「眼を閉じれば見えなくなる」ということは「大自然の否定的な半面」だとして、身体がいかなる故障を起こせば見えなくなるかを医学が教えているように、西洋の「物質観」はこの否定的な半面をよく説明するが、他方「見えるという働きの肯定的な半面」については、医学は少しも説明しないというか、説明するつもりがはじめからないのだ、と言っている。眼を開くとものが見えて、そうすると人によってそれぞれ異なる「もののよさ」があらわれてくるのだが、西洋の物質観は、見えなくなるのはなぜかということは説明しても、そのように見えることでもののよさが複雑微妙にわかるということの機微については、関わることがないと言うのである。

情趣であるが、これは人によってわかる深さがまるで違うようである。そして深

さに限りがないと思う。(同)

別の文章で(『春風夏雨』、角川ソフィア文庫、108頁以下)、岡さんは自分の数学研究室の来訪者に、同じ話を説いて聞かせたエピソードを記している。来訪者の彼に対して、岡さんはまず眼を閉じてもらい、「ね、何も見えないでしょう」と言ったあと、再び眼を開いてもらって、「ね、あなたには今見えているでしょう」と語りかけたのだが、彼はきょとんとした顔をしていたらしい。たいていの人が、いきなりそんなことを言われたらきょとんとしてしまうだろうから、この来訪者氏には多少の同情を禁じ得ないところである(もちろん、その後で岡さんは彼に意図を説明したらしいが、相手が納得したかどうかは書いていない)。

ただ、私としては、岡さんが著書の中で、そしておそらくは直接に会った人にも繰り返し、こうした話をしようとした理由が、なんとなくわかるような気もしている。というのも、「眼を開けば見える」といった、普通の人にとっては一見当たり前すぎるので気にも留めないことに意を注ぎ、そうすることで、それが真に驚くべきことであるのに気づくということは、私自身がフィールドとする仏教瞑想《めいそう》の実践の世界では、しばしば語られることであるからだ。

たとえば、右に引いた岡さんの「眼を開けば見える」ことに関する文章を読んで、私は直ちに、ミャンマー上座部仏教の著名な僧侶《そうりょ》であり瞑想指導者であるウ・ジョーティカ師による講義の、次のような一節を思い起こした。

時々、人々が私のところにやって来て言います。「私たちが見ているということは、実に驚くべきことなんですね」。突然その人は、私たちが見ているということが、本当に驚くべきことであるのに気がつくのです。これを経験したことがありますか？　それは実に驚嘆すべき、奇跡的なことなのです。（中略）瞑想者は、見るということが起こっていて、それが真に驚くべきことであるのに気がつきます。その人は見ることを新しいプロセス、新しい経験として観察する。ほとんどの時間を、私たちは夢の中にいるかのように、無意識に物事を行いながら、ふらふらと過ごしています。そこで突然、私たちは目を覚まし、そして……、見るということがあり、それが本当に驚くべきことであるのを知るのです。あなたは見るということを、真に新しい何かとして経験します。それはあなたを本当に襲ってくる。あなたを打つのです。（ウ・ジョーティカ『自由への旅』、新潮社、２１７〜２１８頁）

右の引用箇所の前後でウ・ジョーティカ師が語っているのは、仏教の根本的な教えである「無我」の体認へと向かう瞑想のプロセスにおいて、実践者の認知のモードが、「私が見ている」というそれから、「ただ見ている意識だけがある」というそれへと、転換する境地についてである。岡さんがよく使う表現に接続するならば、通常の人の「（私が）見る目」から「私」が消えて、「見える目」へと立ち返ったところということになるだろう。

私たちはふだん、もはやそう意識することすらないほど当然の習い性として、「見るというのは私が見るのだ」と思っている。そういう「見る目」でこれまでずっと見てきたのだから、いま眼を閉じて再び開けてみても、それで見えるのは当たり前のことで、そこに新鮮さは何もない。だが、何かのきっかけでその「私が」が消えて、「見る目」ではなく「見える目」で見た時に、「見えるということが起こっていること」は、それ自体として雷撃のような驚きの対象となる。ウ・ジョーティカ師の比喩《ひゆ》にあるように、それは長い長い夢の中で過ごしてきた人が、突然に目を覚まして、現実の五感を再び取り戻すような経験であるからだ。

私には岡さんも、この瞑想実践者たちが経験する驚きを、共有する人であったように思われる。「私」のとれた「見える目」の風光を知る岡さんは、その豊饒《ほうじょう》さを何とかして伝えるべく、たとえ相手がきょとんとしても「眼を開けば見える」ことの複雑微妙を説き続けたし、情緒について語り続けたのだろう。

さて、このように考えてくれれば、「すみれの花はいいなあ」と見る情緒を、「喜怒哀楽の波」とは区別する岡さんの意図も、理解しやすくなるのではないだろうか。喜怒哀楽というのは私たちの通常の心に普通に生ずる感情だが、これは基本的に「私の喜び」や「私の怒り」として経験されるもので、そこには自身に執着しそれを他と区別する「私」の思い、つまりは岡さんの言うところの「無明」が伴っている。要するに、こうした喜怒哀楽の波とともにあるのは「見る目」なのだ。

だが、岡さんは前述のとおり、基本的に「見える目」の風光から語る人である。だから、そこにある情緒を、「無明」を伴った「見る目」による価値判断と一緒にされてしまっては困る。ゆえに彼は、喜怒哀楽の波は情緒の濁りであって、情緒そのものではないと言うのである。

私たちは、ふだんの日常生活で粗い喜怒哀楽の感情の波を経験し、その上がり下がりこそを「生きる歓《よろこ》び」の内実そのもののように思っているから、その波が鎮《しず》まった先に見えるものは、味気のない殺風景そのものであるかのように想像しがちだ。だが、岡さんはそうではないと言う。「無明」の濁りを離れたこころのもたらす風光には、それゆえにこそ見える色どりがあり、そこでも、というよりもむしろ、そこにあるからこそ、「すみれの花はいい」のである。ここまでのヴィジョンを開示し得ているところが、岡さんの文章の本当の凄《すご》みだと私は思う。

ちなみに岡さんは、人間は赤ん坊の時には「人らしい情」がそのまま出るが、大人になると「自己中心の濁り」のせいでそうはいかなくなると述べ（４５〜４６頁）、また人は生後八ヵ月で無意識的に悟りの位である「無生法忍《むしょうほうにん》」を得るとも言っている（２１１〜２１２頁）。してみると、岡さんがあの手この手で示そうとしている情緒の風光は、私たちの全員が、幼児の頃にかつて生きていた原-風光であるわけで、会ったこともない岡さんの文章に対して無性に懐かしさを感じるのは、ひょっとしたらそれゆえなのかもしれない。

本書に収録された岡さんの言葉を通じて、読者の方々も同様に感じられたかもしれないこの懐かしさの感覚が、夜の海を照らす灯台の明かりのように、情緒という原風光を人が「思い出す」ための導き手となったならば、こんなに素敵なことはないと思う。

（2019年2月、作家、翻訳家）

この作品は二〇一六年二月新潮社より刊行された。底本とした刊行物、記事等は、それぞれの文末に示した。著者の意図を生かすため、やむを得ず差別的ともとれる表現を一部そのまま使用していることをお断りいたします。編注と付記した箇所や、一部の補足箇所は、編集部によるものです。

森田真生著
数学する身体
小林秀雄賞受賞

身体から出発し、抽象化の極北へと向かった数学に人間の、心の居場所はあるのか？ 数学の新たな風景を問う俊英のデビュー作。

小林秀雄
岡　潔著
人間の建設

酒の味から、本居宣長、アインシュタイン、ドストエフスキーまで。文系・理系を代表する天才二人が縦横無尽に語った奇跡の対話。

小林秀雄著
直観を磨くもの
―小林秀雄対話集―

湯川秀樹、三木清、三好達治、梅原龍三郎……。各界の第一人者十二名と慧眼の士、小林秀雄が熱く火花を散らす比類のない対論。

小林秀雄著
モオツァルト・無常という事

批評という形式に潜むあらゆる可能性を提示する「モオツァルト」、自らの宿命のかなしい主調音を奏でる連作「無常という事」等14編。

小林秀雄著
ドストエフスキイの生活
文学界賞受賞

ペトラシェフスキイ事件連座、シベリヤ流謫、恋愛、結婚、賭博――不世出の文豪の魂に迫り、漂泊の人生を的確に捉えた不滅の労作。

小林秀雄著
Xへの手紙・私小説論

批評家としての最初の揺るぎない立場を確立した「様々なる意匠」、人生観、現代芸術論などを鋭く捉えた「Xへの手紙」など多彩な一巻。

谷崎潤一郎著

猫と庄造と二人のおんな

一匹の猫を溺愛する一人の男と、二人の若い女がくりひろげる痴態を通して、猫のために破滅していく人間の姿を諷刺をこめて描く。

谷崎潤一郎著

吉野《よしの》葛《くず》・盲目物語

大和の吉野を旅する男の言葉に、失われた古きものへの愛惜と、永遠の女性たる母への思慕を謳う「吉野葛」など、中期の代表作2編。

谷崎潤一郎著

蓼《たで》喰《く》う虫

性的不調和が原因で、互いの了解のもとに妻は新しい恋人と交際し、夫は売笑婦のもとに通う一組の夫婦の、奇妙な諦観を描き出す。

谷崎潤一郎著

卍（まんじ）

関西の良家の夫人が告白する、異常な同性愛体験――関西の女性の艶やかな声音に魅かれて、著者が新境地をひらいた記念碑的作品。

谷崎潤一郎著

少将滋幹《しげもと》の母

時の左大臣に奪われた、帥の大納言の北の方は絶世の美女。残された子供滋幹の母に対する追慕に焦点をあててくり広げられる絵巻物。

谷崎潤一郎著

細雪（ささめゆき）

毎日出版文化賞受賞（上・中・下）

大阪・船場の旧家を舞台に、四人姉妹がそれぞれに織りなすドラマと、さまざまな人間模様を関西独特の風俗の中に香り高く描く名作。

三島由紀夫著

盗賊

死ぬべき理由もないのに、自分たちの結婚式当夜に心中した一組の男女——精緻微妙な心理のアラベスクが描き出された最初の長編。

三島由紀夫著

禁色

女を愛することの出来ない同性愛者の美青年を操ることによって、かつて自分を拒んだ女達に復讐を試みる老作家の悲惨な最期。

三島由紀夫著

鏡子の家

名門の令嬢である鏡子の家に集まってくる四人の青年たちが描く生の軌跡を、朝鮮戦争直後の頽廃した時代相のなかに浮彫りにする。

三島由紀夫著

潮騒（しおさい）

新潮社文学賞受賞

明るい太陽と磯の香りに満ちた小島を舞台に海神の恩寵あつい若くたくましい漁夫と、美しい乙女が奏でる清純で官能的な恋の牧歌。

三島由紀夫著

金閣寺

読売文学賞受賞

どもりの悩み、身も心も奪われた金閣の美しさ——昭和25年の金閣寺焼失に材をとり、放火犯である若い学僧の破滅に至る過程を抉る。

三島由紀夫著

美徳のよろめき

優雅なヒロイン倉越夫人にとって、姦通とは異邦の珍しい宝石のようなものだったが……。魂は無垢で、聖女のごとき人妻の背徳の世界。

三島由紀夫著

永すぎた春

家柄の違いを乗り越えてようやく婚約にこぎつけた若い男女。一年以上に及ぶ永すぎた婚約期間中に起る二人の危機を洒脱な筆で描く。

三島由紀夫著

沈める滝

鉄や石ばかりを相手に成長した城所昇は、女にも即物的関心しかない。既成の愛を信じない人間に、人工の愛の創造を試みた長編小説。

三島由紀夫著

獣の戯れ

放心の微笑をたたえて妻と青年の情事を見つめる夫。死によって愛の共同体を作り上げるためにその夫を殺す青年——愛と死の相姦劇。

三島由紀夫著

美しい星

自分たちは他の天体から飛来した宇宙人であるという意識に目覚めた一家を中心に、核時代の人類滅亡の不安をみごとに捉えた異色作。

三島由紀夫著

近代能楽集

早くから謡曲に親しんできた著者が、古典文学の永遠の主題を、能楽の自由な空間と時間の中に〝近代能〟として作品化した名編8品。

三島由紀夫著

午後の曳《えい》航《こう》

船乗り竜二の逞しい肉体と精神は登の憧れだった。だが母との愛が竜二を平凡な男に変えた。早熟な少年の眼で日常生活の醜悪を描く。

数《すう》学《がく》する人《じん》生《せい》

新潮文庫　お－105－1

平成三十一年四月一日発行
令和六年十月十日十刷

著者　岡《おか》潔《きよし》
編者　森《もり》田《た》真《まさ》生《お》

発行者　佐藤隆信
発行所　株式会社 新潮社
郵便番号 一六二―八七一一
東京都新宿区矢来町七一
電話 編集部(〇三)三二六六―五四四〇
読者係(〇三)三二六六―五一一一
https://www.shinchosha.co.jp

価格はカバーに表示してあります。

乱丁・落丁本は、ご面倒ですが小社読者係宛ご送付ください。送料小社負担にてお取替えいたします。

印刷・大日本印刷株式会社　製本・加藤製本株式会社

ISBN978-4-10-101251-3 C0195